Frittieren –
einfach köstlich!

Die besten neuen Rezepte

Biskin®

Inhalt

Perfekt frittiert!
Tipps & Tricks für gutes Gelingen 4

Von der Hand in den Mund:
Party-Snacks & Fingerfood 10

Hauptsache knusprig!
Gemüse, Fisch, Fleisch und mehr ... 28

Süße Verführung ...
Leckere Desserts und knuspriges Gebäck 56

Rezept-Verzeichnis 72

Perfekt frittiert!

Tipps & Tricks für gutes Gelingen

Außen knusprig, innen saftig ...

Knackiges Gemüse, süße Früchtchen, saftiges Fleisch oder zarter Fisch – ob mit Teig umhüllt, paniert, gefüllt oder mariniert: Frittierte Leckerbissen sind schnell gemacht und schmecken super! Feines Gebäck bekommt einen unvergleichlichen Geschmack, wenn es im heißen Fett schwimmend ausgebacken wird – man denke nur an Berliner oder Quarkbällchen.

Dabei ist Frittieren kinderleicht und hat obendrein noch einige Vorteile: Durch die kurzen Garzeiten bleiben Vitamine und Mineralstoffe besser erhalten als bei vielen anderen Garmethoden. Und die knusprige Kruste sorgt dafür, dass kaum Fett eindringen kann: Sobald das vorbereitete Lebensmittel in das 150 °C bis 175 °C heiße Fett eintaucht, schließt sich seine Oberfläche – so bleibt innen alles zart und saftig.

Frittieren – einfach köstlich!

In diesem Buch finden Sie 60 neue Rezept-Ideen für reines Frittier-Vergnügen! Die Auswahl reicht von leckeren Kleinigkeiten wie Snacks und Fingerfood bis zu feinen internationalen Gerichten mit Gemüse, Fisch oder Fleisch. Süßschnäbel und Zuckerschnuten kommen im letzten Kapitel auf ihre Kosten: Hier locken knuspriges Gebäck, feine Früchte in zarter Teighülle oder frittierte Eis-Krapfen. Natürlich fehlen auch so beliebte Klassiker wie Kartoffel-Chips, Schnitzel, Backhendl oder ausgebackene Holunderblüten nicht. Dazu gibt es zahlreiche Tipps und Varianten sowie viele Rezepte für die passenden Saucen und Dips. Alle Rezepte sind sorgfältig erprobt und gelingen garantiert. Die Arbeitsschritte sind genau erklärt – so haben auch Küchenneulinge Freude am Frittieren.

Bei dieser Rezeptauswahl zeigt sich schnell: Es gibt kaum eine andere Garmethode, die so einfach anzuwenden und dabei so unglaublich vielseitig ist.

Auf das Fett kommt es an

Längst nicht jedes Fett eignet sich zum Frittieren. Voraussetzung für ein optimales Ergebnis ist ein frisches, wasserfreies, neutrales Pflanzenfett, das darüber hinaus besonders hitzestabil ist. Das heißt, es muss hohe Temperaturen vertragen, ohne zu verbrennen. Biskin erfüllt all diese Voraussetzungen. Da es kein Wasser enthält, spritzt und schäumt es nicht beim Frittieren.

Sie haben die Wahl zwischen geschmacksneutralem Biskin Fett und Biskin Öl.

Für süße Köstlichkeiten wie zarte Backwaren oder leckere Süßspeisen empfehlen wir ganz besonders Biskin Spezial, das es ebenfalls als Öl oder in fester Form gibt. Das Besondere daran: Beide haben einen feinen Buttergeschmack, trotzdem können sie genau so hoch erhitzt werden, wie reines Biskin Pflanzenfett oder Biskin Öl.

Fett regelmäßig filtern

Auch das beste Fett muss nach jedem Gebrauch gefiltert werden, um Frittierrückstände, zum Beispiel von Panaden, zu entfernen. Elektro-Fritteusen mit eingebautem Fettfilter sind da praktisch. Ansonsten filtern Sie das abgekühlte Fett einfach durch ein feinmaschiges Metallsieb. In einem sauberen, gut verschließbaren Gefäß hält es sich bei kühler Lagerung sechs bis acht Wochen.

Wie oft das Fett auswechseln?

Je nach Frittiergut kann das Fett mehr oder wenig häufig wieder verwendet werden. Paniertes oder eiweißhaltige Lebensmittel wie Fisch und Fleisch belasten das Fett stärker als etwa Kartoffel-Chips.

Als Faustregel gilt: Spätestens nach sechs- bis achtmaligem Gebrauch muss das Fett erneuert werden.

Verbrauchtes Fett wird dickflüssig, hat eine trübe, dunkle Farbe, einen stechenden Geruch und verursacht harzige Ablagerungen am Rand der Fritteuse oder des Topfes.

Wechseln Sie das Fett immer komplett aus – niemals altes Fett mit neuem auffrischen! Nur so ist garantiert, dass Sie stets eine optimale Fettqualität haben. Übrigens: Verbrauchtes Fett keinesfalls in den Ausguss gießen – es könnte die Rohre verstopfen, da durch die Hitze flüssig gewordenes Fett beim Abkühlen wieder fest wird. Am besten füllen Sie es in gut verschließbare Gläser und entsorgen es mit dem Hausmüll oder geben es am Wertstoffhof ab.

Die richtige Temperatur

Entscheidend für ein perfektes Frittierergebnis ist die richtige Temperatur. Frittieren Sie nie bei Temperaturen über 175 °C – so können Sie sicher sein, dass sich keine gesundheitsschädlichen Stoffe bilden. Außerdem würde sich bei höheren Temperaturen schnell eine harte Kruste bilden, die verhindert, dass das Frittiergut innen gar wird. Obendrein verbraucht sich das Fett bei zu hohen Temperaturen schneller. Temperaturen unter 150 °C hingegen verzögern den Garvorgang, das Frittiergut könnte zu viel Fett aufnehmen und damit nicht knusprig werden.

Wenn Sie eine elektrische Fritteuse verwenden, regelt ein Thermostat die Temperatur automatisch. Falls Sie im Topf oder Wok frittieren, sollten Sie mit einem Fett-Thermometer, das Sie in Haushaltsgeschäften bekommen, die

Temperatur kontrollieren. Notfalls können Sie aber auch mit einem Holzlöffel die Temperatur testen: Wenn Sie den Stiel ins heiße Fett tauchen und sich an seinem Ende ein dichter Bläschenkranz bildet, ist die Gartemperatur erreicht.

Eine andere, allerdings ebenfalls nicht sonderlich genaue Methode, ist der Brot-Test: Die richtige Frittiertemperatur ist erreicht, wenn sich ein ins heiße Fett getauchtes Weißbrotstückchen goldbraun färbt.

Topf, Wok oder Fritteuse?

Frittieren können Sie in einem hohen Topf ebenso wie im Wok. Wenn Sie allerdings häufiger frittieren, empfiehlt sich die Anschaffung einer Elektro-Fritteuse. Die Vorteile liegen auf der Hand: Fritteusen regeln mit einem Thermostat automatisch die Temperatur, meist zeigt zudem eine Kontrolllampe an, wann die gewählte Temperatur erreicht ist. Ob die Fritteuse eine runde oder eher längliche Form hat, spielt für das Frittieren keine Rolle. Allerdings lassen sich zum Beispiel ganze Fische oder Schaschlikspieße besser in einer ovalen Fritteuse zubereiten.

Die Heizelemente der Geräte befinden sich im Innenbehälter oder darunter. Kaltzonen-Fritteusen bieten weitere Vorteile, wie zum Beispiel die Edelstahl-Fritteuse aus dem Hause Bosch (Foto links): Der Frittier-Innenbehälter aus Edelstahl wird nicht vom Geräteboden aus beheizt, sondern die Heizstäbe befinden sich im Behälter direkt unter dem Frittierkorb. Am Behälterboden unter den Heizstäben entsteht so eine „kalte“ Zone, in der sich die durch den Frittierkorb fallenden Krumen sammeln, ohne anzubrennen. Das Frittierfett bleibt dadurch sauber und länger haltbar. Die Heizstäbe lassen sich zum Reinigen der Fritteuse einfach mit der Bedieneinheit aus dem Frittierbehälter heben, so dass auch das Säubern kein Problem ist.

Perfekt frittiert – so gelingt's!

◆ **Festes Biskin etwas zerkleinern**, bevor Sie es in die Fritteuse geben. **Die Fritteuse zunächst** bei 60 °C bis 80 °C für etwa 10 Minuten **anheizen**, um das Fett anzuschmelzen. **Anschließend** erst auf die für das jeweilige Rezept benötigte Frittier-Temperatur – maximal jedoch 175 °C – **aufheizen**. Dadurch wird ein lokales Überhitzen und ein vorzeitiger Fettverderb verhindert.

◆ **Elektro-Fritteusen** bis zur Markierung mit Biskin füllen. Wenn Sie im **Topf** oder **Wok** frittieren, nur etwa bis zu zwei Drittel der Topfhöhe Fett einfüllen. Für ein gutes Frittier-Ergebnis sind mindestens 1 l Biskin Öl oder 1 kg festes Biskin erforderlich.

◆ **Biskin nimmt beim Frittieren weder Geruch noch Geschmack an.** Daher können Sie im selben Frittierfett unterschiedliche Lebensmittel nacheinander frittieren.

◆ **Möchten Sie mehrere Frittiervorgänge nacheinander durchführen**, sollte zwischen den Einlagen stets genügend Zeit vergehen, damit sich das Fett wieder auf die gewünschte Temperatur erhitzen kann.

◆ **Falls Sie viele Gäste zugleich bewirten**, ist es ratsam, das Frittiergut in kleinen Portionen vorzufrittieren. Den letzen Frittiergang kurz vor dem Servieren können Sie dann in größeren Portionen abschließen.

◆ **Grundsätzlich nur portionsweise frittieren!** Das Frittiergut sollte frei schwimmen und während des Frittierens nicht aneinander stoßen.

◆ **Damit das Frittiergut gleichmäßig gar wird,** sollten die einzelnen Stücke etwa die gleiche Größe haben.

◆ **Frittiergut nicht über der Fritteuse würzen** – dadurch kann das Fett verunreinigt werden.

◆ **Wenn Sie Tiefgekühltes frittieren**, sollte es möglichst an- oder aufgetaut sein, damit dem Fett nicht zu viel Hitze entzogen wird. Wer es eilig hat, kann auch Tiefgekühltes ins heiße Fett geben: Dann aber das Eis abschütteln und den Frittierkorb außerhalb der Fritteuse füllen – so wird das Spritzen des Fettes reduziert.

◆ **Feuchte Lebensmittel** vor dem Frittieren immer sehr gut abtupfen, da das Fett sonst spritzt und schäumt. Und: den gefüllten Frittierkorb langsam absenken, mehrmals ins heiße Fett tauchen und wieder herausnehmen. Auf diese Weise wird ein Überlaufen des Fettes verhindert.

◆ **Achten Sie auf die richtige Temperatur** beim Frittieren, dann wird das Ergebnis köstlich sein!

◆ **Panaden** können das Fett schnell verunreinigen. Daher vor dem Frittieren immer gut andrücken und überschüssige Panade abklopfen.

◆ Bei **Klößchen, Frikadellen** etc. aus Fisch, Gemüse oder Fleisch immer erst einen Probekloß frittieren. Falls er zu leicht auseinander fallen sollte, können Sie dem restlichen Teig – je nach Rezept – etwas mehr Brot, Paniermehl oder Mehl zufügen, damit er fester wird.

◆ **Frittiergut nach dem Frittieren kurz auf Küchenpapier legen**, damit dieses das überschüssige Fett aufnehmen kann. Immer erst anschließend würzen!

◆ **Altes oder verschmutztes Frittierfett kann sich bei Überhitzung selbst entzünden.** Darum das Fett immer rechtzeitig wechseln! Sollte es doch einmal passieren, dass sich Fett entzündet, **niemals mit Wasser löschen**, sondern die Flammen – zum Beispiel mit einer Decke – ersticken. Zur Sicherheit den Netzstecker der Fritteuse ziehen beziehungsweise den Herd ausschalten, wenn Sie im Topf oder Wok frittieren.

Wenn Sie unsere Tipps beachten, steht dem Frittier-Spaß nichts mehr im Wege! Lassen Sie sich von den Rezepten in diesem Buch inspirieren – wir wünschen Ihnen viel Spaß beim Frittieren und guten Appetit!

Ihr Biskin-Team

Von der Hand in den Mund:

Party-Snacks & Fingerfoood

Käsetaschen
Sorbas Liebling

Für 4 Portionen

Für den Teig:
500 g Mehl · Salz
2 Eier, Größe M · 3 EL Olivenöl · Wasser nach Bedarf

Für die Füllung:
1 mehlig kochende Kartoffel (ca. 100 g)
100 g Pecorino, alternativ mittelalter Gouda · 200 g Feta (Schafkäse)
4 Eier, Größe M
Salz · Pfeffer · geriebene Muskatnuss

Außerdem:
1 Eigelb · 1 EL Wasser
Biskin zum Frittieren

1 Für den Teig das Mehl in eine Schüssel sieben. Etwas Salz, die Eier, das Öl und so viel kaltes Wasser untermischen, bis ein fester Teig entsteht. Den Teig sehr gut durchkneten und mindestens 1 Stunde ruhen lassen.

2 Für die Füllung die Kartoffel abbürsten, weich kochen, pellen und mit einer Gabel zerdrücken. Den Pecorino fein reiben, den Feta mit einer Gabel zerkrümeln. Die Eier in einer Schüssel verquirlen und beide Käsesorten sowie die abgekühlte Kartoffelmasse untermischen. Mit Salz, Pfeffer und Muskat würzen.

3 Eigelb und Wasser verrühren. Den Teig auf einer bemehlten Arbeitsfläche dünn ausrollen und runde Fladen von der Größe einer Untertasse ausschneiden.

4 Auf jeden Teigfladen in die Mitte einen Esslöffel Füllung setzen und die Teigränder mit Eigelb bestreichen. Den Fladen über der Füllung zu halbkreisförmigen Taschen zusammenschlagen. Die Ränder mit einer Gabel fest zusammendrücken, damit keine Füllung austreten kann.

5 Die Käsetaschen portionsweise im 170 °C heißen Biskin in 4 bis 5 Minuten goldgelb frittieren, dabei einmal wenden. Vor dem Servieren auf Küchenpapier abtropfen lassen.

Tipp

Diese leckeren Käsetaschen passen gut zum Aperitif oder auf ein Buffet. Sie schmecken warm oder kalt. Für das richtige Griechenland-Feeling servieren Sie dazu Ouzo – ohne Eis, aber mit etwas Wasser.

Frikadellen aus Hülsenfrüchten

Fein gewürzt mit Minze

Für 4 Portionen

500 g gemischte Hülsenfrüchte (z. B. weiße Bohnen, Kichererbsen, Linsen, gelbe Erbsen) · 1 Knoblauchzehe · 1 kleine Zwiebel · 2 Eier, Größe M
2 EL gehackte frische Minzeblättchen · Salz · Pfeffer
evtl. 1–2 EL Semmelbrösel · 1–2 EL Mehl · Biskin zum Frittieren

1 Die Hülsenfrüchte am Vorabend in kaltem Wasser einweichen. Am nächsten Tag das Einweichwasser abgießen und die Hülsenfrüchte mit reichlich frischem Wasser in etwa 60 Minuten weich kochen. Abgießen, gut abtropfen lassen und mit einer Gabel zerdrücken.

2 Knoblauch und Zwiebel abziehen und beides fein hacken. Die Eier in einer Schüssel verquirlen und mit den zerdrückten Hülsenfrüchten, den Zwiebel- und Knoblauchwürfeln sowie der Minze gut vermischen, salzen und pfeffern. Eventuell Semmelbrösel untermischen, falls die Masse nicht fest genug ist.

3 Je einen Esslöffel Teig abstechen, eine Frikadelle daraus formen und in Mehl wenden. Im 165 bis 170 °C heißen Biskin in 3 bis 4 Minuten knusprig frittieren, dabei einmal wenden. Vor dem Servieren auf Küchenpapier abtropfen lassen.

Probieren Sie diese Frikadellen mit einem besonderen Dip:

Walnuss-Dip

2 Knoblauchzehen
50 g Walnusskerne
50 g Semmelbrösel
50 ml Gemüsfond (aus dem Glas)
50 ml Zitronensaft
1 EL Olivenöl · Salz
½ TL Paprikapulver, rosenscharf

Die Knoblauchzehen abziehen. Zusammen mit den Walnusskernen, den Semmelbröseln, dem Gemüsefond und dem Zitronensaft im Mixer pürieren. Das Olivenöl unterrühren und mit Salz und Paprikapulver würzen.

Im Kühlschrank hält sich dieser Dip in einem Schraubdeckelglas etwa 3 bis 4 Tage.

Frittierte Kürbis-Bissen

Saftige Leckerbissen für zwischendurch

Für ca. 40 Stück

1 kleines Glas süßsauer eingelegter Kürbis (200 g Abtropfgewicht)
60 g Mehl · ½ TL Backpulver · 1 Ei, Größe S · 1 TL gemahlener Ingwer
1 Msp. gemahlene Nelken · 1 TL gemahlener Kreuzkümmel · 1 EL Sojasauce
40 ml Wasser · Salz · Pfeffer · 2 TL Wasabi-Paste · Biskin zum Frittieren

1 Den Kürbis auf einem Sieb gut abtropfen lassen, dabei den Saft auffangen. Aus den übrigen Zutaten (ohne Wasabi) einen glatten Teig rühren und 15 Minuten ruhen lassen. Für den Dip 4 bis 5 EL Kürbissaft mit dem Wasabi verrühren.

2 Die Kürbisstückchen einzeln durch den Teig ziehen, im 170 °C heißen Biskin goldgelb frittieren. Auf Küchenpapier abtropfen lassen. Mit Wasabi-Dip servieren.

Tipp

Wasabi-Paste, ein sehr scharfer grüner japanischer Meerrettich, ist in Asiageschäften und Supermärkten erhältlich. Alternativ können Sie auch die mildere normale Meerrettich-Paste aus dem Glas verwenden.

Mini-Pizzen aus Kartoffelteig

Mit Kirschtomaten und Mozzarella belegt

Für 6 Portionen

800 g mehlig kochende Kartoffeln
300 g kleine Kirschtomaten
je 2 EL Schnittlauchröllchen, gehackte Petersilie, fein geschnittene Basilikumblättchen
1 EL gehackte frische Majoranblättchen · 1 Knoblauchzehe
200 g Mehl · 1 ½ TL Backpulver
30 g weiche Butter · Salz
Biskin zum Frittieren
125 g Mini-Mozzarella (ca. 13 Stück)
frisch gemahlener Pfeffer

1 Die Kartoffeln abbürsten und in reichlich Wasser sehr weich kochen. Anschließend pellen und sofort durch eine Kartoffelpresse drücken oder mit dem Kartoffelstampfer zerdrücken.

2 Die Tomaten kurz mit heißem Wasser überbrühen und häuten. Anschließend in einer Schüssel mit den Kräutern vermischen. Den Knoblauch abziehen, fein hacken und untermischen.

3 Inzwischen das Kartoffelpüree mit Mehl, Backpulver, der weichen Butter und etwas Salz vermischen und gründlich verkneten. Sollte der Teig zu weich sein, eventuell etwas mehr Mehl zugeben. Den Teig abgedeckt etwa 30 Minuten ruhen lassen.

4 Den Backofen auf 70 °C vorheizen. Mit einem Esslöffel jeweils kleine Teigportionen abnehmen und diese auf einer bemehlten Arbeitsfläche zu runden Fladen von 8 bis 10 cm Durchmesser ausrollen.

5 Die Teigfladen portionsweise im 165 bis 170 °C heißen Biskin in etwa 4 Minuten goldgelb frittieren. Die fertigen Pizza-Böden im Backofen auf einem mit Küchenpapier ausgelegten Backblech abtropfen lassen und warm halten, bis alle Böden fertig sind.

6 Die Mini-Mozzarella halbieren. Die Pizzaböden mit den marinierten Tomaten und halbierten Mozzarellakugeln belegen. Mit frisch gemahlenem Pfeffer würzen und sofort servieren.

Variante

Sie können die frittierten Pizza-Böden auch mit einer Mischung aus abgetropften Artischockenherzen aus dem Glas, die ebenfalls mit Kräutern mariniert werden, und fein gehackten getrockneten Tomaten belegen. Ein paar Parmesan-Späne darüber hobeln – und fertig.

Tipp

Schön sieht es aus, wenn Sie die belegten Pizzaböden zusätzlich mit Majoranblüten garnieren.

Feta-Pesto-Häppchen

Schnell gemacht

Für 20 Häppchen

180–200 g Feta (Schafkäse)

1 Packung Fillo- oder Yufka-Teig, 5 Blätter, insgesamt 400 g (siehe Tipp)

2 Eier, Größe L

1/8 l Wasser

2 EL Joghurt

100 g Pesto aus dem Glas

Biskin zum Frittieren

1 Den Schafkäse in 20 gleich große Würfel schneiden. Die Fillo-Teigblätter aus der Verpackung nehmen, jeweils quer halbieren und die Hälften längs in 4 gleich breite Streifen schneiden.

2 Die Eier mit Wasser und Joghurt verquirlen. Jeweils einen Teigstreifen mit der Eier-Mischung bestreichen, einen zweiten Teigstreifen darauf legen und ebenfalls mit Eier-Mischung bestreichen. Auf das untere Drittel der vorbereiteten doppelten Teigstreifen jeweils etwas Pesto geben, einen Feta-Würfel darauf legen und mit etwas Pesto bestreichen.

3 Das untere Ende des Teigstreifens über den Käse klappen, die seitlichen Teigränder nach innen einschlagen und noch einmal mit Eier-Mischung bestreichen. Die Teigstreifen bis zum Ende aufrollen und mit einem Zahnstocher fixieren.

4 Die Teigpäckchen im 165 bis 170 °C heißen Biskin in 3 bis 4 Minuten goldgelb frittieren. Zum Abtropfen auf Küchenpapier legen und vor dem Servieren die Zahnstocher entfernen.

Tipp

Fillo-Teig bekommen Sie in griechischen Feinkostgeschäften, in türkischen Geschäften wird dieser Teig unter dem Namen Yufka verkauft. Es handelt sich um hauchdünne Teigblätter, aus denen in Griechenland und der Türkei leckere Teig-Pasteten hergestellt werden. Die Feta-Häppchen schmecken warm besonders gut, aber auch kalt (nicht aus dem Kühlschrank!) sind sie super lecker.

Variante

Statt Feta können Sie auch Ziegenfrischkäse verwenden.

Käsefritter
Knusprige Appetithappen

Für 4 Portionen

2 Eier, Größe M · 250 g geriebener Gruyère oder Parmesan
1 EL gehackte Petersilie · Pfeffer · 3 EL Haferflocken (z. B. Köllns Echte Kernige)
1–2 EL Semmelbrösel · Biskin zum Frittieren

1 Die Eier in einer Schüssel verquirlen, den Käse und die Petersilie zugeben und gut untermischen. Mit Pfeffer würzen.

2 Die Haferflocken und so viel Semmelbrösel unter die Masse arbeiten, bis ein formbarer Teig entsteht. Mit einem Esslöffel jeweils etwas Teig abnehmen und zu einer kleinen flachen Frikadelle formen.

3 Im 165 bis 170 °C heißen Biskin in etwa 3 Minuten goldbraun frittieren, dabei einmal wenden. Vor dem Servieren auf Küchenpapier etwas abtropfen lassen.

Gefüllte Speckfrüchte
Fruchtige Kleinigkeit zum Aperitif

Für 60 Stück

150 g Feta (Schafkäse) · 20 saftige Backpflaumen ohne Stein
30 Scheiben dünn geschnittener Bacon · 150 g Gorgonzola
40 saftige getrocknete Aprikosen ohne Stein
20 Cashew-Kerne · Biskin zum Frittieren

1 Den Feta in 20 gleich große Stücke teilen, in jede Pflaume ein Käsestückchen stecken. Die Bacon-Scheiben quer halbieren, die gefüllten Pflaumen jeweils mit einer halben Bacon-Scheibe umwickeln und mit Zahnstochern fixieren.

2 Den Gorgonzola in 20 gleich große Stückchen teilen, die Rinde dabei entfernen. Die Hälfte der Aprikosen mit Gorgonzola füllen, in die andere Hälfte je einen Cashew-Kern stecken. Jede Aprikose mit einer halben Bacon-Scheibe umwickeln und mit Zahnstochern feststecken.

3 Die gefüllten Speckfrüchte im 165 bis 170 °C heißen Biskin portionsweise etwa 2 Minuten frittieren. Vor dem Servieren auf Küchenpapier abtropfen lassen.

Wer mag, serviert die Käsefritter mal mit diesem Dip:

Feigen-Senf-Dip

4 vollreife Feigen
2 TL mittelscharfer Senf
¼ TL Senfsaat
2 EL milder Weißweinessig oder weißer Balsamico
2 sehr frische Eigelbe, Größe M
2 EL Zucker
Salz · Pfeffer
300 ml Pflanzenöl

Von den Feigen die Haut abziehen, die Früchte klein schneiden und mit Senf, Senfsaat, Essig und den Eigelben im Mixer pürieren. Mit Zucker, Salz und Pfeffer würzen. Zum Schluss langsam das Öl zugießen und so lange weiter mixen, bis die Sauce eine cremige Konsistenz hat.

Wegen des frischen Eigelbs sollten Sie diesen Dip sofort verbrauchen.

Hackfleisch-Bällchen am Spieß

Pikant gefüllt und super lecker

Tipp

Hackfleisch-Spieße schmecken warm oder kalt. Mit einem Gurken-Tomaten-Salat und Baguette wird daraus eine leckere Hauptmahlzeit. Wer mag, serviert dazu das folgende Chutney:

Scharfes Tomaten-Chutney

500 g vollreife Tomaten
1 große rote Zwiebel
2 frische rote Chilischoten
2 EL Biskin-Öl · 3 Gewürznelken
100 ml Rotweinessig
100 g brauner Zucker
Salz · Pfeffer · Muskat

Tomaten kurz überbrühen, häuten, vierteln und die Kerne entfernen. Das Fruchtfleisch fein würfeln. Die Zwiebel abziehen und fein hacken. Chilischoten längs aufschlitzen, die Kerne herausschaben und die Schoten fein würfeln. Zwiebeln im Öl glasig andünsten, Tomaten, Chilischoten, Nelken, Essig und Zucker zugeben und alles bei mittlerer Hitze 20 Minuten unter gelegentlichem Umrühren köcheln. Mit Salz, Pfeffer und frisch geriebener Muskatnuss abschmecken.

Für 9 Spieße

Für die Fleischbällchen:
2 Zwiebeln
600 g gemischtes Hackfleisch
2 EL scharfer Senf · 1 EL Tomatenmark
½ TL getrockneter Oregano
Salz · Pfeffer

Für die Füllungen:
3 eingelegte grüne Peperoni · 90 g Feta (Schafkäse)
9 grüne Oliven, mit Sardellen oder Paprika gefüllt

Außerdem:
9 Schaschlik-Spieße
Biskin zum Frittieren

1 Die Zwiebeln abziehen und sehr fein hacken. Das Hackfleisch mit Senf, Tomatenmark und Zwiebeln vermengen und mit Oregano, Salz und Pfeffer würzen.
2 Die Peperoni jeweils in drei Stücke, den Feta in neun gleich große Stückchen schneiden.
3 Aus dem Hackfleischteig 27 gleich große Bällchen formen, dabei neun Bällchen jeweils mit einem Stück Peperonischote und weitere neun Bällchen jeweils mit einem Feta-Stückchen füllen. In die letzten neun Bällchen jeweils eine Olive hineinstecken.
4 Je ein mit Peperoni, Feta und Olive gefülltes Bällchen auf einen Schaschlik-Spieß stecken und so fortfahren, bis alle neun Spieße fertig sind.
5 Die Spieße portionsweise im 170 °C heißen Biskin in etwa 3 Minuten knusprig frittieren, dabei eventuell einmal wenden. Auf Küchenpapier abtropfen lassen und auf einer Servierplatte anrichten.

Rote-Bete-Kartoffelknödel

Ruck, zuck fertig

Tipp

Rote Bete gibt es vorgekocht und vakuumverpackt beim Gemüsehändler.

Die gefüllten Kartoffelknödel schmecken sowohl warm als auch kalt und eignen sich damit prima für ein Picknick oder ein Party-Buffet.

Für etwa 50 kleine Knödel

500 g gekochte Rote Bete · Salz
4–5 EL Meerrettich aus dem Glas · 3 EL Preiselbeeren aus dem Glas
1 Packung Kartoffelknödel-Teig (750 g, aus dem Kühlregal)
Biskin zum Frittieren

1 Die Rote Bete würfeln, leicht salzen und mit Meerrettich und Preiselbeeren gut vermischen. Etwa 10 Minuten durchziehen lassen.

2 Jeweils 1 EL Knödelteig abstechen, flach drücken und einige Rote-Bete-Würfel in die Mitte legen. Den Teig darüber verschließen und zu kleinen Knödeln formen.

3 Die gefüllten Kartoffelknödel im 165 bis 170 °C heißen Biskin portionsweise etwa 4 Minuten frittieren, dabei gelegentlich wenden. Die Knödel auf Küchenpapier abtropfen lassen und vor dem Servieren noch einmal 2 bis 3 Minuten frittieren, bis sie goldgelb sind. Auf Küchenpapier erneut kurz abtropfen lassen.

Gefüllte Pizzateig-Röllchen

Blitzschnelle Appetithappen

Tipp

Die Pizzateig-Röllchen können Sie sowohl frisch aus der Fritteuse als auch abgekühlt servieren.

Für 36 Röllchen

1 Packung Pizzateig, 32 cm Durchmesser (aus dem Kühlregal)
1 EL getrockneter Rosmarin · 12 in Öl eingelegte getrocknete Tomaten
je 6 schwarze und grüne Oliven ohne Stein · 12 in Öl eingelegte Anchovis-Filets
Biskin zum Frittieren

1 Den Pizzateig auf einer Arbeitsfläche ausbreiten, den Rosmarin darauf verteilen und den Teig in etwa 5 x 5 cm große Quadrate schneiden. Auf jedes Teigquadrat entweder eine getrocknete Tomate, eine Olive oder ein abgetropftes Anchovis-Filet legen. Die Teigstücke aufrollen und jeweils mit einem Zahnstocher fixieren.

2 Die Pizzateig-Röllchen portionsweise im 170 °C heißen Biskin in etwa 2 Minuten goldgelb ausbacken. Vor dem Servieren auf Küchenpapier abtropfen lassen.

Kräutertaschen

Feine kleine Frühlings-Leckerei

Für 4 Portionen

Für den Teig:

500 g Mehl · 3 EL Olivenöl · 1 EL Zitronensaft · Salz · etwas Wasser

Für die Füllung:

1 kg gemischte Kräuter (z. B. Löwenzahn, junger Spinat, Minze, Fenchelkraut, Petersilie, junge Frühlingszwiebeln)

8 EL Olivenöl · Salz · Pfeffer · 1 Prise gemahlener Zimt

Außerdem:

1 Eigelb · 1 EL Wasser · Biskin zum Frittieren

1 Für den Teig das Mehl in eine Schüssel sieben. Öl, Zitronensaft, etwas Salz und so viel kaltes Wasser einrühren, bis ein fester Teig entsteht. Gut durchkneten und den Teig mindestens eine Stunde ruhen lassen.

2 Für die Füllung die Kräuter abspülen, trockenschleudern und die harten Stängel entfernen. Frühlingszwiebeln putzen und mit dem Grün in feine Ringe schneiden. Das Öl in einem Topf erhitzen, die vorbereiteten Kräuter und die Zwiebelringe zugeben, salzen, pfeffern und mit Zimt würzen. Alles zugedeckt etwa 10 Minuten dünsten. Falls die Eigenflüssigkeit zu schnell verdampfen sollte, bei Bedarf noch etwas Wasser zufügen. Anschließend die Kräuter auf einem Sieb sehr gut abtropfen lassen und mit den Händen fest ausdrücken.

3 Das Eigelb mit dem Wasser verrühren. Den Teig auf einer bemehlten Arbeitsfläche sehr dünn ausrollen und runde Fladen von der Größe einer Untertasse ausschneiden. Jeweils einen Esslöffel der Kräutermischung in die Mitte der Fladen setzen und die Teigränder mit Eigelb bestreichen. Den Teig über der Füllung zu halbkreisförmigen Taschen zusammenschlagen. Mit einer Gabel die Ränder fest zusammendrücken, damit keine Füllung austreten kann.

4 Die Kräutertaschen portionsweise im 170 °C heißen Biskin in 4 bis 5 Minuten goldgelb frittieren, dabei einmal wenden. Vor dem Servieren auf Küchenpapier abtropfen lassen.

Variante

Statt der gemischten Kräuter können Sie die Teigtaschen auch mit einer Füllung aus gedünstetem Mangold oder Spinat – gewürzt mit etwas Knoblauch, Salz und Chilipulver – zubereiten.

Sauerkraut-Ecken
Deftiges zart umhüllt

Für 24 Stück

450 g TK-Blätterteig · 150 g gekochter Schinken
1 kleine Dose Sauerkraut (350 g Abtropfgewicht)
einige Wacholderbeeren · ½ Becher saure Sahne (100 g)
Salz · ½ TL Paprikapulver, rosenscharf
etwas gemahlener Kümmel · 1 Eiweiß, Größe M
Biskin zum Frittieren

1 Die Blätterteigplatten nebeneinander legen und auftauen lassen. Inzwischen den Schinken fein würfeln. Das Sauerkraut auf einem Sieb abtropfen lassen und mit einer Gabel gut ausdrücken.

2 Schinkenwürfel und Sauerkraut in einer Schüssel vermengen, die Wacholderbeeren etwas zerdrücken oder hacken und mit der sauren Sahne unter das Sauerkraut mischen. Mit Salz, Paprika und Kümmel kräftig abschmecken. Das Eiweiß mit einer Gabel etwas verrühren.

3 Die Blätterteigplatten aufeinander legen und dünn ausrollen. Quadrate von etwa 7 x 7 cm Größe ausschneiden. Jeweils etwas Sauerkrautmischung in die Mitte setzen, die Teigränder mit Eiweiß bestreichen und den Teig über der Füllung zu Dreiecken zusammenklappen. Die Ränder mit einer Gabel fest zusammen drücken und die Teigtaschen kurz ruhen lassen.

4 Sauerkraut-Ecken im 165 bis 170 °C heißen Biskin portionsweise etwa 4 Minuten frittieren, dabei einmal wenden. Auf Küchenpapier gut abtropfen lassen und anschließend noch einmal 2 Minuten frittieren, bis sie goldgelb sind, dabei einmal wenden. Die Sauerkraut-Ecken vor dem Servieren auf Küchenpapier abtropfen lassen.

Besonders lecker sind die Sauerkraut-Ecken mit diesem Dip:

Rote-Bete-Dip

500 g gekochte Rote Bete (siehe Tipp Seite 20)
150 ml Rote-Bete- oder Gemüsesaft
1 EL Rotweinessig
1 EL Preiselbeeren aus dem Glas
½ Becher saure Sahne (100 g)
Salz · frisch gemahlener schwarzer Pfeffer
2 EL Schnittlauchröllchen

Rote Bete grob zerschneiden und im Mixer mit dem Saft, Rotweinessig und Preiselbeeren pürieren.
Die saure Sahne unterziehen, den Dip mit Salz und Pfeffer abschmecken und die Schnittlauchröllchen unterheben.

Paprika-Kartoffel-Chips

Die mögen alle!

500 g fest kochende große Kartoffeln
Biskin zum Frittieren
etwas Salz und Paprikapulver, edelsüß

1 Die Kartoffeln mit dem Gemüsehobel in hauchdünne Scheiben hobeln. Mit kaltem Wasser abspülen und auf einem Küchentüch sehr gut abtropfen lassen.
2 Die Kartoffelscheiben im 170 °C heißen Biskin portionsweise 2 Minuten frittieren, auf Küchenpapier abtropfen lassen. Die Kartoffelscheiben anschließend nochmals in 1 bis 2 Minuten goldgelb frittieren. Zum Abtropfen auf Küchenpapier legen, mit etwas Salz bestreuen und etwas Paprikapulver darüber stäuben.

Tipp

Kartoffel-Chips sind frisch aus der Fritteuse eine leckere Beilage zu gebratenem Fleisch – dann aber das Paprikapulver weglassen und die Chips nur leicht salzen. Kalt schmecken sie einfach so oder auch mit folgendem Dip:

Avocado-Dip

2 reife Avocados
Saft von ½ Zitrone
100 ml Gemüsefond aus dem Glas
3 EL Magerqurk
1 Fleischtomate · 1 rote Zwiebel
2 Knoblauchzehen
Salz · Pfeffer · Cayennepfeffer

Die Avocados schälen, halbieren und den Kern entfernen. Das Fruchtfleisch auslösen und zusammen mit Zitronensaft, Gemüsefond und Magerquark im Mixer pürieren. Die Tomate kurz überbrühen, häuten, vierteln und die Kerne entfernen. Das Fruchtfleisch fein hacken. Zwiebel und Knoblauchzehen abziehen, beides fein würfeln. Tomaten-, Zwiebel- und Knoblauchwürfel untermischen und den Dip mit den Gewürzen abschmecken.

Frittierter Hefeteig

Knusprige kleine Dinger

Für 6 Portionen
¼ l Milch · 1 Würfel frische Hefe (42 g) · 400 g Mehl
50 g Schweineschmalz oder Olivenöl · Salz
1 ½ EL grob gehackte frische Rosmarinnadeln · Biskin zum Frittieren

1 Die Milch leicht erwärmen, die Hefe hineinbröckeln und darin auflösen.
2 Das Mehl auf eine Arbeitsfläche sieben, eine Mulde hineindrücken und die Hefemilch, Schmalzflöckchen (oder das Öl) sowie etwas Salz und den Rosmarin hineingeben. Alle Zutaten zu einem elastischen, nicht zu festen Teig verkneten.
3 Den Teig zu einer Kugel formen und etwa 1 Stunde mit einem Küchentuch bedeckt an einem warmen Ort gehen lassen.
4 Anschließend den Teig zu einer etwa 5 mm dicken Platte ausrollen und in Rauten oder Quadrate von 4 bis 5 cm Kantenlänge schneiden.
5 Die Teigstücke portionsweise im 170 °C heißen Biskin 2 bis 3 Minuten frittieren, dabei einmal wenden. Sie blähen sich auf, sobald sie mit dem heißen Fett in Berührung kommen. Sobald sie eine schöne goldgelbe Farbe haben, aus dem Fett nehmen, kurz auf Küchenpapier abtropfen lassen und sofort servieren.

Salbei- und Basilikum-Häppchen
Kulinarischer Gruß aus der Toskana

Für 4 Portionen

3 Eier, Größe M · 1 EL Mehl · Salz · Pfeffer
6 Sardellenfilets, in Öl eingelegt · 2 Scheiben Mozzarella
24 große frische Salbeiblätter · 24 große Basilikumblätter
Biskin zum Frittieren

1 Die Eier mit Mehl, etwas Salz und Pfeffer gründlich verquirlen. Die Sardellenfilets halbieren. Den Mozzarella in etwa haselnussgroße Stückchen schneiden.

2 Die Salbeiblätter abspülen, trockentupfen und einzeln durch die verquirlten Eier ziehen. Jeweils zwischen zwei Salbeiblätter ein halbes Sardellenfilet legen, die Blätter leicht zusammendrücken, mit einem Zahnstocher fixieren und sofort im 160 °C heißen Biskin 1–2 Minuten frittieren, bis sie schön knusprig sind. Vor dem Servieren auf Küchenpapier abtropfen lassen.

3 Die Basilkumblätter wie die Salbeiblätter vorbereiten, mit je einem Mozzarella-Stück füllen und knusprig frittieren.

Gefüllte Zucchiniblüten
Das schmeckt nach Sommer

Für 12 Blüten

2 Eier, Größe M · ½ EL Mehl· Salz
frisch geriebene Muskatnuss · Pfeffer
12 Zucchiniblüten · 12 TL Ziegenfrischkäse oder Kräuterquark (40 % Fett)
Biskin zum Frittieren

1 Die Eier mit Mehl, Salz, Muskat und Pfeffer gründlich verquirlen. Die Zucchiniblüten vorsichtig waschen und trockenschütteln. Jede Blüte mit 1 TL Frischkäse oder Quark füllen und an der Spitze vorsichtig zudrehen.

2 Die gefüllten Zucchiniblüten durch die verquirlten Eier ziehen und sofort im 160 °C heißen Biskin in 2 Minuten knusprig frittieren. Auf Küchenpapier kurz abtropfen lassen.

Tipp

Verwenden Sie möglichst die männlichen Zucchiniblüten. Im Gegensatz zu den weiblichen Blüten haben sie einen Stil und sitzen nicht direkt an der Frucht. Die weiblichen Blüten sind nicht so fest und auch nicht so schmackhaft wie die männlichen.

Variante

Sie können die Blüten auch mit einer Füllung aus gehackten Sardellenfilets und Mozzarella frittieren.
Aber selbst ohne Füllung sind frittierte Zucchiniblüten ein echter Genuss!

Arancini
Sizilianische Reisbällchen

Für 4 Portionen

250 g Risotto-Reis (z. B. Arborio oder Vialone) · Salz
je 2 EL gehackte Petersilie und fein geschnittene Basilikumblättchen
20 g Butter · 1 Ei, Größe M · 50 g frisch geriebener Parmesan · Pfeffer
Für die Füllung:
10 g getrocknete Steinpilze · 1 kleine Zwiebel · 3 EL Olivenöl
100 g frische ausgepalte Erbsen (oder TK-Erbsen)
1 EL Tomatenmark · 20 ml trockener Weißwein
100 g Rinderhackfleisch · Salz
75 g Mozzarella
Außerdem: Semmelbrösel zum Wenden · Biskin zum Frittieren

1 Den Reis in etwa 3/4 l kochendes Salzwasser einstreuen, die Temperatur reduzieren und den Reis 20 Minuten ausquellen lassen. Anschließend den Topf vom Herd nehmen und die gehackten Kräuter, die Butter, das Ei und den Parmesan unterrühren. Mit Pfeffer abschmecken und die Reismischung abkühlen lassen.
2 Während der Reis ausquillt, die Pilze in etwas warmem Wasser 20 Minuten einweichen. Die Zwiebel schälen und fein hacken. Die Pilze aus dem Wasser nehmen, abtropfen lassen und klein schneiden, das Einweichwasser beiseite stellen.
3 Die Zwiebel in 2 EL Olivenöl andünsten, die Pilze zufügen, ebenfalls andünsten und anschließend die Erbsen, Tomatenmark und das Einweichwasser der Pilze zufügen. Den Wein angießen und alles bei geringer Hitze etwa 20 Minuten schmoren lassen.
4 Inzwischen das Hackfleisch im restlichen Olivenöl etwa 5 Minuten anbraten, salzen und unter die Pilze und Erbsen mischen. Zugedeckt alles so lange schmoren lassen, bis die gesamte Flüssigkeit verdampft ist. Die Mischung abkühlen lassen.
5 Den Mozzarella fein würfeln. Mit angefeuchteten Händen eine Hand voll Reis flach drücken, 2 TL der Hackfleisch-Pilz-Mischung sowie 2 bis 3 Würfel Mozzarella in die Mitte geben, den Reis zur Kugel formen und in Semmelbröseln wälzen.
6 Die Arancini portionsweise im 165 bis 170 °C heißen Biskin in 4 bis 5 Minuten goldgelb frittieren. Auf Küchenpapier abtropfen lassen.

Tipp

Arancini schmecken sowohl heiß aus der Fritteuse als auch lauwarm oder kalt.
Sie eignen sich gut für ein Picknick oder Party-Buffet, sind aber auch – zum Beispiel mit einem gemischten Salat – ein leckeres sommerliches Hauptgericht.

Variante

Die Füllung kann auch aus gehackter, gedünsteter Hühnerleber mit Gemüse oder gekochten Eiern oder aus einer Mischung aus Mozzarella und Pecorino mit Tomaten bestehen. Probieren Sie, was Ihnen am besten schmeckt.

Hauptsache knusprig!

Gemüse, Fisch, Fleisch und mehr ...

Gebackene Sellerieschnitzel
Mit Sesam fein gewürzt

Zu den Sellerieschnitzeln passt ein fruchtiger Dip:

Apfel-Senf-Dip

1 säuerlicher Apfel
Saft von ½ Zitrone
4 EL eingelegte Senffrüchte
1 Kästchen Kresse
2 TL mittelscharfer Senf
½ Becher Crème fraîche (100 g)
2 EL Milch · Salz · Pfeffer
1 Msp. Macis

Den Apfel schälen, halbieren, das Kerngehäuse entfernen und die Apfelhälften auf einer Küchenreibe fein raffeln und sofort mit Zitronensaft vermischen. Die eingelegten Senffrüchte klein schneiden. Die Kresse aus dem Kästchen schneiden, abspülen und trockenschleudern. Senffrüchte und Kresse mit Senf, Crème fraîche und Milch im Mixer fein pürieren. Unter die Apfelraspel mischen, mit Salz, Pfeffer und Macis abschmecken.

Für 4 Portionen

1 Sellerieknolle, 350 bis 400 g · Saft von ½ Zitrone · Salz
1 Eigelb, Größe M · 80 g Mehl · 60 g Speisestärke
Salz · Pfeffer
Biskin zum Frittieren · 1–2 EL Sesam

1 Die Sellerieknolle waschen, schälen und in etwa 5 mm dicke Scheiben schneiden. Reichlich Wasser mit Zitronensaft und Salz zum Kochen bringen und die Scheiben etwa 2 Minuten darin kochen. Auf Küchenpapier abtropfen lassen.
2 Für den Teig das Eigelb mit Mehl und Speisestärke klümpchenfrei verrühren, mit Salz und Pfeffer würzen. Den Teig etwa 15 Minuten ruhen lassen.
3 Die abgetropften Selleriescheiben durch den Teig ziehen und im 170 °C heißen Biskin in etwa 3 Minuten goldbraun frittieren. Zum Abtropfen auf Küchenpapier legen und noch heiß im Sesam wälzen.

Fisch-Frittura
Typisch mediterran!

Für 4 Portionen

500 g sehr kleine gemischte Fische, z. B. kleine Sardellen und frische Sprotten
250 g kleine küchenfertige Tintenfischtuben
8 kleine geschälte Garnelen
Mehl zum Wenden · Biskin zum Frittieren · Salz · 2 unbehandelte Zitronen

1 Den Backofen auf 70 °C vorheizen. Die Fische ausnehmen, Köpfe und Schwänze aber dranlassen. Die geputzten Fische und die Tintenfischtuben unter fließendem kalten Wasser abspülen. Die Tintenfischtuben in etwa 5 mm breite Ringe schneiden. Fische, Tintenfischringe und Garnelen in Mehl wenden.
2 Alles portionsweise im 170 °C heißen Biskin in etwa 3 Minuten goldgelb frittieren. Die fertigen Fische im warmen Backofen auf einem mit Küchenpapier ausgelegten Backblech abtropfen lassen und warm halten, bis alles frittiert ist.
3 Vor dem Servieren Fische und Meeresfrüchte salzen und mit Zitronenachteln garniert auf vier Tellern anrichten.

Endivien-Paprika-Tempura

Mit Käse und Sardellen gefüllt

Für 4 Portionen

2 kleine rote Paprikaschoten
80 g Pecorino, alternativ mittelalter Gouda
8 in Öl eingelegte Sardellenfilets, Salz
16 schöne Endiviensalat-Blätter
16 frische Minzeblättchen
100 g Mehl · 1 Eigelb, Größe M
einige Eiswürfel
Biskin zum Frittieren

1 Den Backofen auf 250 °C vorheizen. Die Paprikaschoten abspülen, abtrocknen, halbieren und Kerne sowie Trennwände entfernen. Die halbierten Schoten mit der Schnittfläche nach unten auf einem mit Pergamentpapier ausgelegten Backblech etwa 15 Minuten im heißen Ofen backen, bis die Haut dunkle Blasen wirft. Paprika aus dem Ofen nehmen und abkühlen lassen.

2 Den Käse in 16 gleich große Würfel schneiden. Die Sardellenfilets auf Küchenpapier abtropfen lassen und halbieren.

3 In einem Topf reichlich Salzwasser zum Kochen bringen. Die Endivienblätter abspülen und im kochenden Wasser 1 Minute blanchieren. Mit kaltem Wasser abschrecken und auf Küchenpapier zum Abtropfen nebeneinander legen.

4 Die Paprikaschoten häuten und in 16 gleich breite Streifen schneiden. Auf jedes Endivienblatt einen Streifen Paprika legen. Jeweils ein Käsestück zusammen mit einem halben Sardellenfilet mit einem Minzeblatt umwickeln und auf das untere Ende einer vorbereiteten Endivien-Paprika-Lage setzen. Anschließend jedes Blatt zu einer kleinen Roulade aufrollen, mit Zahnstochern fixieren.

5 Das Mehl mit dem Eigelb, 2 EL Wasser, etwas Salz und 6 bis 7 Eiswürfeln vermischen. Den Teig etwa 20 Minuten ruhen lassen, anschließend noch einmal kurz durchmischen. Die Gemüseröllchen einzeln durch den Teig ziehen und im 170 °C heißen Biskin in etwa einer halben Minute knusprig ausbacken. Vor dem Servieren auf Küchenpapier kurz abtropfen lassen.

Tipp

Das Geheimnis eines richtigen Tempura-Teigs besteht in der Beigabe von Eiswürfeln sowie darin, dass der Teig nur kurz durchgerührt werden darf. Auf diese Weise wird er beim Ausbacken schön knusprig!

Variante

Statt der Endivienblätter können Sie auch Winterspinat für dieses Rezept verwenden. Die Stängel dann allerdings entfernen!

Kräuter-Hähnchen-Nuggets

Erst fein mariniert, dann knusprig frittiert

Tipp

Wenden Sie die marinierten Fleischstücke erst unmittelbar vor dem Frittieren in Mehl, damit es sich nicht mit der Marinade voll saugen kann. Auf diese Weise werden die Nuggets besonders knusprig.

Beilage

Dazu passen die Kartoffel-Chips von Seite 24 und Endivien- oder Feldsalat.

Für 4 Portionen

3 Eier, Größe M · 2 Zitronen · Salz · Pfeffer · 1 EL gehackte Petersilie
4 doppelte Hähnchenbrust-Filets ohne Haut, à ca. 350 g
2 EL fein gehackte frische Rosmarinnadeln · 8 fein gehackte Salbeiblättchen
Mehl zum Wenden · Biskin zum Frittieren

1 Die Eier mit dem Saft einer halben Zitrone, etwas Salz und Pfeffer verquirlen. Die gehackte Petersilie untermischen. Das Hähnchenfleisch in mundgerechte Würfel schneiden und in die Eiermischung legen, 30 Minuten marinieren lassen.
2 Inzwischen Rosmarin und Salbei mit 1 TL Salz mischen. Die restlichen Zitronen in Achtel schneiden.
3 Die Fleischstücke aus der Marinade nehmen, rasch einzeln in Mehl wenden und im 160 °C heißen Biskin etwa 5 Minuten frittieren. Auf Küchenpapier abtropfen lassen und anschließend im 170 bis 175 °C heißen Biskin erneut etwa 3 Minuten frittieren, bis sie goldgelb sind. Auf Küchenpapier kurz abtropfen lassen, mit dem Kräutersalz bestreuen und mit Zitronenachteln garniert servieren.

Fruchtige Putenbällchen

Exotisch gewürzt

Beilage

Zu den Putenbällchen passt Mandel-Reis besonders gut. Dazu eine gehackte Zwiebel mit je 1 Msp. gemahlenem Zimt und Kardamom anrösten, Gemüsebrühe und Reis zufügen und den Reis etwa 20 Minuten ausquellen lassen. Zum Schluss in Butter geröstete Mandelstifte untermischen.

Für 4 Portionen

500 g fein gehacktes Putenbrustfilet · 1 Ei, Größe M · 2 EL Mehl
1 EL Sojasauce · 1 TL Honig · je 1 TL gemahlener Kreuzkümmel, Ingwer, Zimt und Koriander · 1 Chilischote · 1 kleine Mango
4–5 EL fein gehackte Mandeln · Biskin zum Frittieren

1 Das Putenhackfleisch mit Ei, Mehl, Sojascaue und Honig vermischen, mit den Gewürzen abschmecken. Die Chilischote fein hacken, die Mango schälen, den Stein entfernen und das Fruchtfleisch ebenfalls fein hacken. Beides unter das Putenhackfleisch mischen.
2 Mit feuchten Händen aus der Fleischmasse kleine Bällchen formen, diese in den Mandeln wälzen und im 170 °C heißen Biskin in 4 bis 5 Minuten knusprig frittieren. Vor dem Servieren auf Küchenpapier abtropfen lassen.

Zucchinipuffer

Schmecken warm und kalt

Richtig griechisch wird's mit diesem Dip:

Knoblauch-Joghurt-Dip

1 Becher stichfester Joghurt (150 g) · 2 EL Olivenöl
Salz · Pfeffer
2 Knoblauchzehen

Den Joghurt mit Olivenöl verrühren, salzen und pfeffern. Den Knoblauch abziehen und durch eine Presse in den Joghurt drücken. Gut unterrühren und die Sauce vor dem Verzehr etwa 30 Minuten durchziehen lassen.

Für 4 Portionen

500 g Zucchini · Salz
2 Zwiebeln · 1 Ei, Größe M
60 g geriebener Pecorino oder Parmesan
2 EL gehackte Petersilie
Pfeffer
etwa 120 g Semmelbrösel
2–3 El Mehl · Biskin zum Frittieren

1 Die Zucchini waschen, abtrocknen, die Enden abschneiden und die Zucchini auf der Küchenreibe fein reiben. Die Zucchiniraspel in ein Sieb geben, gut salzen, durchmischen und mindestens 30 Minuten ruhen lassen, damit sie Wasser ziehen können. Inzwischen die Zwiebeln abziehen und möglichst fein hacken.

2 Die Zucchiniraspel mit den Händen fest ausdrücken. In einer Schüssel das Ei verquirlen, die Zucchiniraspel, den Käse, die gehackten Zwiebeln und die Petersilie zugeben, mit Salz und Pfeffer abschmecken und alles gut vermischen. So viel Semmelbrösel unter die Masse arbeiten, bis ein relativ fester, formbarer Teig entsteht. Nehmen Sie nicht zu wenig, sonst fallen die Puffer beim Frittieren leicht auseinander.

3 Aus dem Teig kleine Kugeln – etwa in der Größe eines Tischtennisballs – formen und diese etwas flach drücken. In Mehl wenden, überschüssiges Mehl abstreifen und die Zucchinipuffer im 165 bis 170 °C heißen Biskin 3 bis 4 Minuten frittieren, dabei einmal wenden. Vor dem Servieren auf Küchenpapier etwas abtropfen lassen.

Marinierte Filet-Spießchen

Mediterran & knusprig-fein

Für 4 Portionen

½ unbehandelte Zitrone · 2 Knoblauchzehen
80 ml Balsamico · 80 ml Olivenöl · 2 EL gehacktes Basilikum
frisch gemahlener schwarzer Pfeffer
500 g Rinderfilet · 12 Holzspieße · Biskin zum Frittieren · Salz

1 Die Zitrone heiß waschen, abtrocknen, mit einem Sparschäler die Schale abschälen und fein hacken. Die Knoblauchzehen abziehen und in Scheiben schneiden. Essig und Olivenöl in eine Schüssel geben, Zitronenschale und Knoblauch sowie Basilikum und 1 TL Pfeffer untermischen. Das Filet in dünne Scheiben schneiden und für mindestens 1 Stunde in die Marinade legen.

2 Das Fleisch aus der Marinade nehmen, trockentupfen und wellenförmig auf die Holzspießchen stecken. Im 175 °C heißen Biskin 1 Minute frittieren. Vor dem Servieren kurz auf Küchenpapier abtropfen lassen, leicht salzen und pfeffern.

Beilage

Zu den Spießchen schmeckt frisches Baguette und ein Kopfsalat mit Radieschen und Dill.

Variante

Statt Basilikum passt auch frischer Rosmarin oder Majoran in die Marinade.
Die frittierten Spießchen dann mit Salz und grünem Pfeffer (aus dem Glas) würzen.
Statt mit Rinderfilet schmecken die Spießchen auch mit Schweinefilet sehr lecker.

Frittierter Tofu

Mit Shiitake-Sauce

Für 4 Portionen

10–12 kleine Shiitake-Pilze · 2 Frühlingszwiebeln · 375 ml Geflügelfond
2 EL Sojasauce · 3 EL Mirin (süßer Reiswein) oder Sherry · 1 TL Zucker
500 g fester Tofu · Reismehl oder Speisestärke
Biskin zum Frittieren · einige frische Korianderblättchen

1 Die Pilze putzen, die Stängel entfernen und die Hütchen in Streifen schneiden. Die Zwiebeln putzen und mit dem Grün in feine Ringe schneiden. Geflügelfond, Sojasauce, Mirin oder Sherry und Zucker zusammen mit den Pilzen erhitzen und etwa 3 Minuten köcheln lassen. Zwiebelringe zufügen und alles weitere 3 Minuten auf kleiner Flamme köcheln. Auf ausgeschalteter Herdplatte warm halten.

2 Den Tofu in Scheiben schneiden, in Reismehl wenden und im 175 °C heißen Biskin goldgelb frittieren, dabei einmal wenden. Abgetropfte Tofuscheiben auf Tellern anrichten, mit der Sauce übergießen und mit Koriander garnieren.

Beilage

Zum Tofu passt ein Kräuter-Salat aus roten Zwiebeln, Salatgurke, Radieschensprossen, reichlich gehackter frischer Minze und Basilikum, gewürzt mit Chili, Zitronensaft, Sojasauce, etwas Fischsauce und einer Prise braunem Zucker.

Kokos-Garnelen auf Gurken-Carpaccio

Asiatische Gaumenkitzler

Tipp

Rosa Pfefferbeeren werden die Früchte des Peruanischen Pfefferbaums genannt. Sie sind gefriergetrocknet im Handel und entfalten ihr typisches süßlich-scharfes Aroma, das leicht an Wacholderbeeren erinnert, sobald sie mit Flüssigkeit in Berührung kommen. Rosa Pfefferbeeren immer erst zum Schluss über das fertige Gericht streuen. Besonders gut passt dieses Gewürz zu Fisch und Wild.

Für 4 Portionen

1 Salatgurke · 1 EL Sojasauce · 2 EL Reisessig · 2 EL Sesamöl
frisch gemahlener Pfeffer · einige rosa Pfefferbeeren
2 EL Schnittlauchröllchen
8 geschälte Riesengarnelen · 1 EL Speisestärke · 1 Eiweiß, Größe L · Salz
3 EL Kokosflocken · Biskin zum Frittieren

1 Die Salatgurke waschen, abtrocknen, in dünne Scheiben schneiden und diese auf vier Tellern dachziegelartig auslegen. Sojasauce, Reisessig und Sesamöl verrühren und über die Gurkenscheiben träufeln. Mit Pfeffer würzen und einige rosa Pfefferbeeren sowie etwas Schnittlauch darüber streuen.

2 Die Riesengarnelen längs halbieren, den dunklen Darm entfernen. Speisestärke und Eiweiß gründlich verrühren, salzen, die Garnelen darin wenden. Anschließend in den Kokosflocken wälzen.

3 Garnelen im 170 °C heißen Biskin etwa 4 Minuten frittieren, auf Küchenpapier abtropfen lassen und jeweils 4 Garnelenhälften auf den Gurkentellern anrichten.

Frittierte Sardinen in Tomatensauce

So schmeckt's in Italien

Tomatensauce

600 g vollreife Tomaten
2 Knoblauchzehen
6 EL Olivenöl
Salz · Pfeffer
2 EL gehackte Petersilie
2 EL gehackte Basilikumblätter
1 EL gehackte Minzeblätter

Variante

Die Sardinen schmecken auch ohne Sauce, nur mit Ciabatta und gemischtem Salat.

Für 4 Portionen

12 küchenfertige frische Sardinen · 2 Eier, Größe M · Saft von 1 Zitrone
Salz · Pfeffer · etwas Mehl zum Wenden · Biskin zum Frittieren

1 Die Sardinen unter fließendem Wasser gründlich abspülen. Die Eier mit Zitronensaft, Salz und Pfeffer verquirlen. Die Fische durch die Eiermischung ziehen, anschließend in Mehl wenden. Die Fische im 160 °C heißen Biskin 4 bis 5 Minuten frittieren. Anschließend zum Abtropfen auf Küchenpapier legen.

2 Für die Sauce die Tomaten überbrühen, häuten, vierteln, die Stielansätze entfernen. Das Fruchtfleisch grob würfeln. Knoblauch abziehen und hacken. Olivenöl in einem Topf erhitzen, den Knoblauch darin anschwitzen, Tomaten zufügen, salzen, pfeffern und alles 10 Minuten auf kleiner Flamme zugedeckt köcheln. Die Kräuter mit den Sardinen zufügen und 3 bis 4 Minuten ziehen lassen.

Warmer Ziegenkäse auf Salatbett

Voilá – typisch französisch

Tipp

Wenn Sie die frittierten Ziegenkäse als sommerliches Hauptgericht servieren möchten, sollten Sie 4 Ziegenkäse pro Portion rechnen.

Beilage

Klassisch französisch wird Baguette dazu gegessen. Aber auch gebutterte Pumpernickelscheiben schmecken sehr gut dazu.

Für 4 Portionen als Vorspeise

8 kleine runde Ziegenfrischkäse, à 45 g · 16 Scheiben Bacon
1 Kopfsalat · 1 Bund Rucola · ½ Kopf Frisée · 2 kleine Möhren
2 EL Weißweinessig · ½ TL mittelscharfer Senf
Salz · Pfeffer · 4 EL Olivenöl
3 EL gehackter Dill · Biskin zum Frittieren

1 Jeden Ziegenkäse überkreuz mit zwei Scheiben Bacon umwickeln, mit einem Zahnstocher fixieren.

2 Die Salate in mundgerechte Stücke zupfen, dabei Strünke und harte Stängel entfernen. Die Salatblätter waschen und trockenschwenken. Die Möhren schälen, mit einem Sparschäler längs in Streifen schneiden und zu den Blattsalaten in die Schüssel geben. Essig, Senf, Salz und Pfeffer miteinander verrühren, das Öl unterschlagen. Den Salat mit dem Dressing mischen und auf vier Teller verteilen. Mit Dill bestreuen.

3 Die Ziegenkäse im 160 °C heißen Biskin 2 bis 3 Minuten frittieren, kurz auf Küchenpapier abtropfen lassen, nach Belieben mit frisch gemahlenem Pfeffer würzen und je zwei warme Ziegenkäse auf einem Salatteller anrichten.

Steinpilze in Bierteig

Mit Rosmarin fein gewürzt

Variante

Statt der Steinpilze können Sie auch Champignons auf diese Weise frittieren. In Bierteig ausgebacken schmeckt auch Gemüse lecker, beispielsweise kleine Artischocken, Rosenkohl, Steckrüben, Zucchini oder Auberginen.

Für 4 Portionen

150 g Mehl · 1 Ei, Größe M · ⅛ l Bier · ½ TL gemahlener Rosmarin
Salz · Pfeffer · 500 g feste Steinpilze
Biskin zum Frittieren · 1 unbehandelte Zitrone

1 Mehl, Eigelb und Bier zu einem Teig verrühren. Mit Rosmarin, Salz und Pfeffer würzen. Das Eiweiß steif schlagen und unter den Teig heben.

2 Die Pilze putzen, der Länge nach in fingerdicke Scheiben schneiden und durch den Teig ziehen. Im 170 °C heißen Biskin in 3 bis 4 Minuten goldgelb frittieren. Auf Küchenpapier abtropfen lassen und mit Zitronenachteln servieren.

Sesam-Eier mit fruchtiger Sauce

Überraschend gut

Für 4 Portionen

9 Eier, Größe M · Mehl zum Wenden

80 g Sesam

Für die Sauce:

5 getrocknete Feigen · 1 kleine Banane · Saft von ½ Zitrone

1 kleine reife Mango · 1 Daumennagel großes Stück frischer Ingwer

1 ½ Becher Joghurt (225 g insgesamt) · 2 EL Tomatenmark

¼ TL gemahlener Koriander

¼ TL gemahlene Kurkuma

¼ TL Cayennepfeffer

Salz

Biskin zum Frittieren · 3–4 Stängel frischer Koriander

1 Acht Eier hart kochen und abschrecken.

2 Für die Sauce die Feigen möglichst fein würfeln. Die Banane schälen, in Scheiben schneiden und mit einer Gabel zerdrücken. Zu den Feigenwürfeln geben und mit dem Zitronensaft mischen. Die Mango schälen, den Stein entfernen, das Fruchtfleisch sehr fein hacken und zu der Feigen-Bananen-Mischung geben. Den Ingwer schälen und durch die Knoblauchpresse dazudrücken.

3 Den Joghurt mit dem Tomatenmark verrühren, mit Koriander, Kurkuma und Cayennepfeffer würzen. Die vorbereiteten Früchte untermischen und alles mit Salz abschmecken.

4 Das rohe Ei verquirlen. Die hart gekochten Eier schälen, nacheinander in Mehl wenden, durch das verquirlte Ei ziehen, in den Sesamsamen wälzen und diese gut andrücken. Die Eier im 165 bis 170 °C heißen Biskin in etwa 3 Minuten goldgelb frittieren. Auf Küchenpapier abtropfen lassen, auf einer Platte anrichten.

5 Die Korianderstängel 1 Minute frittieren, abtropfen lassen, leicht salzen und die Eier damit garnieren. Die Sauce getrennt dazu servieren.

Variante

Statt in Sesam können Sie die Eier auch in Kokosflocken wälzen. Für die Sauce können auch frische Feigen oder 2 EL Feigenmarmelade verwendet werden.

Auberginen-Mozzarella-Fagottini

Gefüllte Teigtaschen auf italienische Art

Für 4 Portionen

4 Eiweiße, Größe M · 50 ml Wasser
2 TL Kartoffelmehl · Salz
200 g Mozzarella
1 mittelgroße Aubergine · 2 Fleischtomaten
1 Knoblauchzehe
2 EL Olivenöl
2 EL fein geschnittene Basilikumblättchen
einige Schnittlauchhalme
Biskin zum Frittieren

1 Eiweiß mit Wasser und Kartoffelmehl gut verrühren, leicht salzen. In einer kleinen beschichteten Pfanne (etwa 15 cm Durchmesser) aus jeweils knapp 2 EL Teig kleine dünne Pfannkuchen backen, ohne sie zu wenden. Die Pfannkuchen sollen nur eben stocken und dürfen nicht braun werden. Die fertigen Pfannkuchen beiseite stellen.

2 Den Mozzarella fein würfeln. Die Aubergine abspülen, abtrocknen und ebenfalls in kleine Würfel schneiden. Die Tomaten kurz überbrühen, häuten, vierteln und dabei die Stielansätze entfernen. Das Fruchtfleisch würfeln. Den Knoblauch abziehen und fein hacken.

3 Das Olivenöl in einer Pfanne erhitzen und Knoblauch, Tomaten- und Auberginenwürfel darin andünsten und zugedeckt auf kleiner Flamme etwa 5 Minuten schmoren lassen. Anschließend weitere 5 Minuten offen köcheln, bis die Flüssigkeit verdampft ist. Zum Abkühlen beiseite stellen.

4 Das abgekühlte Gemüse mit den Mozzarella-Würfeln vermengen, Basilikum untermischen und alles mit Salz abschmecken.

5 In die Mitte jedes Pfannkuchens etwas von der Gemüse-Mozzarella-Mischung geben. Die Pfannkuchen über der Füllung zu kleinen Beuteln zusammendrehen und jeweils mit einem Schnittlauchhalm zusammenbinden. Die gefüllten Teigtaschen portionsweise im 170 °C heißen Biskin etwa 1 Minute frittieren. Vorsichtig aus dem Fett heben und auf Küchenpapier kurz abtropfen lassen.

Beilage

Dazu schmeckt die Tomatensauce von Seite 36 oder

Basilikum-Schaum

300 ml Milch
100 ml Gemüsefond
½ Becher Crème fraîche (100 g)
5 EL gehackte Basilikumblättchen
1 Spritzer Worcestershiresauce
Salz · frisch geriebene Muskatnuss
25 g eiskalte Butterwürfel

Die Milch mit dem Gemüsefond auf kleiner Flamme erwärmen. Crème fraîche unterrühren, Basilikum zugeben, alles mit den Gewürzen abschmecken. Die eiskalten Butterstückchen zufügen und die Sauce mit dem Stabmixer schaumig aufschlagen.

Gefüllte Kalbsröllchen

Mit pikanter Cashew-Sauce serviert

Rezept zum Titelfoto

Beilage

Dazu schmeckt ein Salat aus blanchierten grünen Bohnen mit fein gewürfelter frischer Tomate und gehackter frischer Minze, angemacht mit Reisessig, Sojasauce und etwas Pflanzenöl. Gewürzt wird mit Sambar, einer Gewürzmischung, die leicht scharf und nussig schmeckt und in der indischen Küche vor allem vegetarischen Gerichten eine besondere Note gibt.

Für 4 Portionen

1 Frühlingszwiebel · 1 kleine rote Paprikaschote
75 g Cashew-Kerne
2 EL gehackte frische Minzeblättchen
3 EL Weißwein- oder Reisessig
1 Becher Joghurt (150 g)
Salz · 1 Msp. gemahlene Kurkuma
1 Msp. Cayennepfeffer
8 sehr dünne Kalbsschnitzel, à ca. 70 g · Pfeffer
abgeriebene Schale von 1 unbehandelten Orange · 1 EL Olivenöl
16 geschälte, gegarte Riesengarnelen
Biskin zum Frittieren

1 Die Frühlingszwiebel putzen und mit der Hälfte des Zwiebelgrüns grob zerschneiden. Die Paprikaschote vierteln, dabei Kerne und Trennwände entfernen und die Viertel mit einem Sparschäler schälen. Das geschälte Paprikafruchtfleisch ebenfalls grob zerschneiden.

2 Die Cashew-Kerne grob hacken und in einer beschichteten Pfanne ohne Fett kurz anrösten. Zusammen mit den Zwiebel- und Paprikastückchen sowie Minze, Essig und Joghurt im Mixer pürieren. Die Sauce mit Salz, Kurkuma und Cayennepfeffer abschmecken und beiseite stellen.

3 Die Schnitzel quer halbieren, abspülen, trockentupfen, leicht salzen und pfeffern. Die Orangenschale mit Olivenöl vermischen. Jedes Fleischstück mit etwas Orangen-Öl bestreichen und jeweils eine Riesengarnele darauf legen. Die Schnitzel aufrollen und mit Zahnstochern fixieren.

4 Die gefüllten Kalbsröllchen im 160 °C heißen Biskin 3 bis 4 Minuten frittieren, auf Küchenpapier abtropfen lassen und mit der Cashew-Sauce servieren.

Grüner Spargel in Blätterteighülle

Außen knusprig, innen Frühling

Für 4 Portionen

300 g TK-Blätterteig · 500 g grüner Spargel
Salz · 4–5 in Öl eingelegte getrocknete Tomaten
2 Frühlingszwiebeln
2 EL Bärlauch-Pesto (aus dem Glas) · 2 EL Olivenöl
frisch gemahlener schwarzer Pfeffer · 1 Eiweiß, Größe M
Biskin zum Frittieren

1 Die Blätterteigscheiben nebeneinander legen und auftauen lassen.

2 Inzwischen den Spargel putzen, die holzigen Enden abschneiden und die Stangen in 4 bis 5 cm lange Stücke schneiden. Die Spargelstücke in kochendem Salzwasser 4 Minuten blanchieren, aus dem Topf nehmen und sofort mit kaltem Wasser abschrecken. Anschließend gut abtropfen lassen.

3 Die eingelegten Tomaten fein würfeln. Die Frühlingszwiebeln putzen und mit der Hälfte des grünen Teils ebenfalls fein würfeln. Die Tomaten- und Zwiebelwürfel mit Bärlauch-Pesto und Olivenöl vermischen, pfeffern und mit den Spargelstücken vermengen. Alles etwa 10 Minuten durchziehen lassen.

4 Die Blätterteigscheiben aufeinander legen und dünn ausrollen. Aus dem Teig acht gleich große Rechtecke schneiden.

5 Auf jedes Teigstück in die Mitte etwas Spargel mit Tomaten-Kräuter-Mischung geben, die Teigränder mit Eiweiß bestreichen und über der Füllung zusammenschlagen. Die Ränder dabei mit einer Gabel gut andrücken. Einen etwa 1 cm breiten Rand stehen lassen, übrigen Teig abschneiden.

6 Die Teigtaschen im 170 °C heißen Biskin in 5 bis 6 Minuten goldgelb frittieren, dabei einmal wenden. Vor dem Servieren auf Küchenpapier abtropfen lassen.

Variante

Probieren Sie die Blätterteigtaschen auch einmal mit weißem Spargel oder blanchiertem, gut abgetropften Lauch gefüllt. Das Bärlauch-Pesto kann durch Pesto Genovese, also den italienischen Klassiker mit Basilikum und Parmesan, ersetzt werden.

Tipp

Blätterteig sollte immer in eine Richtung ausgerollt werden, damit er sich nicht verzieht. Sie können die Teigtaschen für eine Party gut vorbereiten und erst kurz vor dem Servieren frittieren. Dazu die fertig gefüllten Blätterteigtaschen mit einem sauberen Geschirrtuch bedeckt auf einem Teller im Kühlschrank bis zur Verwendung aufbewahren.

Beilage

Zu den Spargeltaschen passt ein Salat mit Frühlingskräutern – zum Beispiel eine Mischung aus Brunnenkresse, Kerbel, Portulak und jungem Spinat – angemacht mit einem Dressing aus weißem Balsamico, Pfeffer, Salz und Olivenöl.

Seelachs im Reisblatt

Leckere Häppchen

Für 4 Portionen

500 g Seelachsfilet
1 TL Salz · 2 TL Lemon-Curry-Pulver
2 EL Mehl · 2 EL Wasser
1 Päckchen getrocknete Reisblätter (10 Stück)
frische Korianderblättchen
Biskin zum Frittieren

1 Das Seelachsfilet in 20 gleich große Stücke zerteilen. Salz und Lemon-Curry mischen und die Fischstücke gleichmäßig damit bestreuen.

2 Mehl mit Wasser verrühren. Die Reisblätter halbieren, kurz in einer Schüssel mit warmem Wasser einweichen. Herausnehmen und auf Küchenpapier abtropfen lassen.

3 Den Backofen auf 70 °C vorheizen. Ein Backblech mit einer doppelten Lage Küchenpapier auslegen.

4 Ein Korianderblatt jeweils in die Mitte eines Reisblattes platzieren, darauf ein Stück Seelachs sowie ein weiteres Korianderblatt legen.

5 Das untere Ende des Reisblattes über den Fisch klappen, die seitlichen Ränder nach innen einschlagen und das Reisblatt aufrollen. Die Nahtstelle andrücken und mit der Mehl-Wasser-Mischung bestreichen. Das Reisblatt-Päckchen beiseite legen. Mit den übrigen Zutaten ebenso verfahren, bis alles verbraucht ist.

6 Die Fischpäckchen portionsweise im 170 °C heißen Biskin 2 bis 3 Minuten ausbacken, dabei einmal wenden. Mit einer Schaumkelle aus dem Fett nehmen, im Backofen abtropfen lassen und warm halten, bis alles frittiert ist. Die fertigen Fischpäckchen mit der Nahtseite nach unten auf einer vorgewärmten Platte anrichten und sofort servieren.

Variante

Statt Seelachs können Sie auch Kabeljau-, Rotbarsch- oder Wallerfilet verwenden.

Tipp

Wer mag, kann aus ungeschälten Salatgurkenstückchen mit einem Ausstecher kleine Muster ausstechen und die Teller damit dekorieren.

Diese leckeren Fisch-Päckchen schmecken solo, mit Gurkensalat oder mit diesem Dip:

Chili-Joghurt-Sauce

1 Becher Naturjoghurt (150 g)
1 EL Olivenöl · 1 Knoblauchzehe
1 kleines Stück frischer Ingwer
¼ TL gemahlener Kreuzkümmel
¼ TL gemahlener Koriander
1 TL Sambal Manis (Chilipaste)
3 EL gehackte Petersilie
Salz · Pfeffer

Den Joghurt mit Olivenöl glatt rühren. Den Knoblauch und den Ingwer schälen, fein hacken und zusammen den übrigen Zutaten in den Joghurt rühren. Mit Salz und Pfeffer kräftig abschmecken.

Würstchen-Spieße mit Pommes frites

Da freuen sich Max und Moritz

Für 4 Portionen

1 kleine rote Paprikaschote · 2 Paar Wiener Würstchen
6 kleine Rostbratwürstchen
600 g große fest kochende Kartoffeln
Biskin zum Frittieren · Salz
Ketchup

1 Die Paprikaschote waschen, trockenreiben und längs vierteln. Die Trennwände und Kerne entfernen und die Paprikaviertel mit einem Sparschäler schälen. Jedes Viertel in 6 gleich große Stücke schneiden.

2 Die Wiener in jeweils 4 gleich lange Stücke schneiden, die Rostbratwürstchen halbieren.

3 Wurst- und Paprikastücke abwechselnd auf Holzspieße stecken, dabei jeweils mit einem Stück Wiener Würstchen beginnen, gefolgt von einem Stück Paprika, einem Stück Rostbratwurst, Paprika, Wiener, Paprika und so fort, bis pro Spieß insgesamt 4 Stückchen Wiener, 6 Paprikastücke und 3 Rostbratwursthälften verbraucht sind.

4 Die Kartoffeln schälen und entweder mit einem Pommes-frites-Schneider oder mit einem Messer in lange, schmale Stücke schneiden. Die vorbereiteten Kartoffelstücke mit Küchenpapier ringsum gut abtrocknen.

5 Die Kartoffeln im 165 °C heißen Biskin portionsweise in 4 bis 5 Minuten hell frittieren. Auf Küchenpapier abtropfen lassen.

6 Die Wurstspieße im 175 °C heißen Biskin in etwa 3 Minuten knusprig frittieren, auf Küchenpapier abtropfen lassen, warm halten und die Pommes frites bei gleicher Temperatur noch einmal 3 bis 4 Minuten frittieren, bis sie eine schöne goldgelbe Farbe haben. Auf Küchenpapier abtropfen lassen, salzen und zusammen mit den Wurstspießen und Ketchup servieren.

Variante

Statt Paprika kann man auch Zucchinischeiben oder eine Mischung aus beidem zwischen den Wurststückchen aufspießen. Wenn die Kinder kein Gemüse mögen, kann man auch Ananasstückchen, Röllchen von gekochtem Schinken oder dicke Würfel von Leberkäse zwischen die Wurststückchen stecken.

Backhendl
Wiener Spezialität

Für 4 Portionen
1 Bund glatte Petersilie
4 Hähnchenkeulen, à ca. 230 g
4 Hähnchenbrustfilets ohne Haut, à ca. 200 g
Salz · Mehl zum Wenden
2 Eier, Größe M
1 TL Pflanzenöl
Semmelbrösel zum Panieren
Biskin zum Frittieren
2 unbehandelte Zitronen

1 Den Backofen auf 70 °C vorheizen. Die Petersilienblättchen von den Stängeln zupfen, abspülen und zum Trocknen auf Küchenpapier legen. Die Hähnchenkeulen häuten und im Gelenk auseinander schneiden, die Brustfilets ebenfalls quer halbieren. Keulen- und Brustfiletstücke salzen, anschließend in Mehl wenden. Die Eier mit dem Öl verquirlen. Die Fleischstücke einzeln durch das Ei ziehen und in den Semmelbröseln wenden.

2 Die panierten Fleischstücke portionsweise im 150 °C heißen Biskin ausbacken. Die Hähnchenkeulen brauchen je nach Größe 15 bis 16 Minuten, die Bruststücke sind in 10 bis 12 Minuten gar. Bereits fertig frittierte Hendlteile im vorgeheizten Backofen auf einem mit Küchenpapier ausgelegten Backblech abtropfen lassen und bis zum Servieren warm halten.

3 Die Zitronen heiß abwaschen, trockenreiben und in Achtel schneiden. Zum Schluss die Petersilie kurz frittieren, dabei ständig mit einer Gabel im heißen Biskin bewegen. Anschließend kurz auf Küchenpapier abtropfen lassen und leicht salzen.

4 Die Hendlstücke auf einer Platte anrichten, mit der frittierten Petersilie und den Zitronenachteln garniert servieren.

Beilage

Klassisch dazu ist Feldsalat, aber auch ein Gurken- oder Selleriesalat schmeckt lecker zu Backhendl.

Tipp

In der Wiener Küche werden die Fleischstücke mit Haut frittiert. Wir empfehlen jedoch, die Haut zu entfernen, weil sie leicht zäh wird. Die ohne Haut panierten Fleischstücke bleiben schön saftig und werden außen lecker knusprig.

Entenbrust-Salat

Asiatisch fein gewürzt

Tipp

Tamarindenmark ist eine feste Masse aus dem Fruchtfleisch und den Kernen der Tamarinde, auch unter dem Namen Sauerdattel bekannt. Es schmeckt aromatisch-säuerlich und hat einen leicht erdig-würzigen Beigeschmack. Erhältlich ist es in asiatischen und arabischen Lebensmittelgeschäften.

Beilage

In Thailand isst man dazu frische Gurkenstückchen, aber auch Kopfsalat ist ein passender Begleiter.

Für 4 Portionen

500 g Entenbrustfilet mit Haut
2 Frühlingszwiebeln · 2 Knoblauchzehen
1 kleines Stück frischer Ingwer
Salz
3 EL trockener Sherry
1 TL gemahlener Koriander · 2 TL gemahlenes Zitronengras
1 EL Austernsauce · 3 EL helle Sojasauce
Biskin zum Frittieren
50 ml Wasser · 2 EL Fischsauce
1 EL heller Blütenhonig
2 EL Tamarindenmark (siehe Tipp)
2 EL gehackte Minzeblättchen

1 Das Fleisch kurz abspülen und trockentupfen. Anschließend in feine Streifen schneiden und in eine Schüssel legen.

2 Die Zwiebeln putzen und mit etwa der Hälfte des Zwiebelgrüns in feine Ringe schneiden. Knoblauch abziehen und in feine Scheiben schneiden, Ingwer schälen und fein würfeln. Alles zum Fleisch geben, etwas Salz, Sherry, Koriander, Zitronengras, Austern- und Sojasauce zufügen und alles gut durchmischen. Die Entenfiletstreifen mindestens 30 Minuten abgedeckt durchziehen lassen.

3 Vor dem Frittieren die Fleischstreifen trockentupfen und im 170 °C heißen Biskin in etwa 2 Minuten knusprig frittieren. Auf Küchenpapier abtropfen lassen und in eine Schüssel legen.

4 Die restliche Marinade mit Wasser, Fischsauce, Honig und Tamarindenmark in einem kleinen Topf kurz aufkochen. Noch heiß über die frittierten Entenbruststreifen gießen, die Minze zufügen und alles gut durchmischen. Das restliche Zwiebelgrün in Ringe schneiden und darüber streuen.

Schnitzel mit Käsekruste

Knusprig – würzig – gut!

Tipp

Die Schnitzel schmecken warm – zum Beispiel mit einem Kartoffel-Gurken-Salat – oder kalt. Aber auch hier gilt: Bitte nicht direkt aus dem Kühlschrank! Sie entfalten ihr Aroma besser, wenn sie Raumtemperatur haben.

Wer mag, serviert zu den Schnitzeln diesen Dip:

Kapern-Gurken-Dip

1 Glas eingelegte Kapern (65 g Abtropfgewicht)
2 kleine Essiggurken
1 Becher saure Sahne (200 g)
Salz · frisch gemahlener Pfeffer
1 EL gehackter Dill

Die Kapern etwas abtropfen lassen, dabei 1 EL Kapernflüssigkeit auffangen. Kapern und Essiggurken möglichst fein hacken. Den zurückbehaltenen Kapernsud mit der sauren Sahne verrühren, gehackte Kapern und Gurken unterheben, mit Salz und Pfeffer würzen und zum Schluss den gehackten Dill unterrühren.

Für 4 Portionen

4 dünne Schweine- oder Kalbsschnitzel, à ca. 125 g
2 Eier, Größe S
Salz · Pfeffer · Mehl zum Wenden
300 g frisch geriebener Pecorino oder mittelalter Gouda
Semmelbrösel zum Wenden
Biskin zum Frittieren

1 Das Fleisch mit kaltem Wasser abspülen, jedes Schnitzel etwas flach drücken. Die Eier in einem tiefen Teller mit einer Gabel verrühren, salzen und pfeffern.
2 Die Schnitzel in Mehl wenden, überschüssiges Mehl abklopfen. Anschließend einzeln erst in Ei und danach in dem geriebenen Käse wenden. Zum Schluss die Schnitzel in Semmelbröseln wälzen und diese gut andrücken. Vor dem Frittieren kurz ruhen lassen, damit sich die Panade gut verbindet.
3 Die Schnitzel im 170 °C heißen Biskin portionsweise in 4 bis 5 Minuten goldgelb frittieren, dabei einmal wenden. Vor dem Servieren zum Abtropfen kurz auf Küchenpapier legen.

Strohkartoffeln

Beliebte Beilage – schnell gemacht

Für 4 Portionen

500 g große fest kochende Kartoffeln
Biskin zum Frittieren · Salz

1 Die Kartoffeln schälen, der Länge nach in etwa 5 mm dicke Scheiben schneiden und die Scheiben anschließend in streichholzdünne Stifte schneiden.
2 Die Kartoffelstifte im 175 °C heißen Biskin 1 bis 2 Minute frittieren, aus dem Fett nehmen und auf Küchenpapier gut abtropfen lassen. Anschließend noch einmal in 2 Minuten goldbraun frittieren. Vor dem Servieren auf Küchenpapier abtropfen lassen und salzen.

Jakobsmuscheln mit buntem Gemüse

Edle Geschmackskombination

Für 4 Portionen

200 g Mehl · 2 Eier, Größe M
1/8 l Bier · 2 EL Olivenöl · Salz · Pfeffer
200 g Hokkaido-Kürbis · 12 Cocktail-Tomaten
1 Hand voll frischer Spinat
8 Zweige Estragon
12–16 ausgelöste Jakobsmuscheln
Biskin zum Frittieren

1 Aus 150 g Mehl, Eiern, Bier und Olivenöl rasch einen glatten Teig rühren, mit Salz und Pfeffer würzen. Den Teig abgedeckt etwa 30 Minuten ruhen lassen.

2 Inzwischen das Kürbisstück schälen, das faserige Fleisch mit den Kernen entfernen und das Kürbisfruchtfleisch in sehr dünne Scheiben schneiden. Die Tomaten abspülen und trockentupfen. Den Spinat waschen und trockenschleudern, eventuell harte Stängel entfernen. Die Estragonzweige ebenfalls abspülen und auf Küchenpapier abtropfen lassen.

3 Den Backofen auf 70 °C vorheizen. Die Jakobsmuscheln abspülen und mit Küchenpapier trockentupfen.

4 Das vorbereitete Gemüse und die Estragonzweige nach und nach durch den vorbereiteten Teig ziehen und im 165 bis 170 °C heißen Biskin kurz goldgelb und knusprig ausbacken. Im Backofen auf einem mit Küchenpapier ausgelegten Backblech abtropfen lassen und warm halten. Die Jakobsmuscheln im restlichen Mehl wenden, ebenfalls durch den Bierteig ziehen und etwa 1 Minute frittieren. Auf Küchenpapier abtropfen lassen, zusammen mit dem Gemüse und den Kräutern auf einer Servierplatte anrichten und sofort servieren.

Tipp

Besonders schön sieht es aus, wenn Sie die kleinen Strauchtomaten mit den Stängeln frittieren. Für dieses Gericht eignet sich übrigens der etwas kräftigere Spinat besser als die zarten Blätter des Frühlingsspinats.

Variante

Statt der Jakobsmuscheln können Sie auch ausgelöste Miesmuscheln oder Grünschalen-Muscheln verwenden oder die Hälfte der Jakobsmuscheln durch kleine frische Sardinen ersetzen.

Gefüllte Salaträllchen

Kleiner Gruß aus der asiatischen Küche

Variante

Die Füllung kann durch Sojasprossen ergänzt werden. Statt Romanasalat eignet sich auch Mangold oder Eisbergsalat. Wer es knuspriger mag, kann die Salaträllchen vor dem Frittieren mit Reismehl bestäuben.

Beilage

Zu den Gemüseröllchen schmeckt Reis oder Weißbrot. Wer eine Sauce dazu servieren möchte, sollte diese probieren:

Scharfer Sesam-Dip

2 Scheiben Toastbrot ohne Rinde
2 Knoblauchzehen
2 ½ EL Tahin (Sesampaste, aus dem Reformhaus)
120 ml Pflanzenöl
1 EL Zitronensaft
Salz · Cayennepfeffer

Das Brot in Wasser einweichen, anschließend gut ausdrücken. Den Knoblauch abziehen und grob hacken. Brot, Knoblauch und Tahin mit Öl und Zitronensaft im Mixer fein pürieren. Mit Salz und Cayennepfeffer abschmecken.

Für 4 Portionen

16 schöne große Blätter Romanasalat
1 gelbe Paprikaschote · 1 dünne Stange Lauch
2 zarte Stangen Staudensellerie · 2 Möhren
1 Stück Ingwer, etwa 3 cm lang
2 EL Sesamöl
5 EL helle Sojasauce
1 EL Austernsauce
Salz · Pfeffer
Biskin zum Frittieren

1 Die Salatblätter in kochendem Salzwasser etwa 1 Minute blanchieren. Anschließend sofort mit kaltem Wasser abschrecken und die Romanablätter nebeneinander auf Küchenpapier abtropfen lassen.

2 Die Paprikaschote abspülen, abtrocknen, halbieren und Kerne sowie Trennwände entfernen. Die Paprikahälften in feine Streifen schneiden. Den Lauch längs halbieren, unter fließendem Wasser gründlich abspülen und quer in dünne Streifen schneiden. Die Selleriestangen in dünne Scheibchen schneiden. Möhren und Ingwer schälen und alles ebenfalls in feine Streifen schneiden.

3 Das vorbereitete Gemüse in Sesamöl abraten, Soja- und Austernsauce zugeben, mit Salz und Pfeffer würzen und alles zugedeckt 3 bis 4 Minuten dünsten, bis die Flüssigkeit absorbiert ist. Zum Abkühlen beiseite stellen.

4 Jeweils zwei blanchierte Salatblätter übereinander legen und zwar so, dass der Strunk jeweils in die entgegengesetzte Richtung zeigt. Die Salatblätter mittig mit der Gemüsemischung belegen, die seitlichen Blattränder einschlagen und alles fest aufrollen. Mit Zahnstochern fixieren oder mit Küchengarn zusammen binden und die Gemüseröllchen im 170 °C heißen Biskin etwa 2 Minuten frittieren. Vor dem Servieren auf Küchenpapier abtropfen lassen.

Klippfisch-Frikadellen

Mittelmeerküche vom Feinsten

Für 4 Portionen

600 g Klippfisch (Baccalà, siehe Tipp)
200 ml Milch · ½ l Wasser
1 Lorbeerblatt · 2–3 Pimentkörner
5–6 mehlig kochende Kartoffeln
4 Knoblauchzehen
1 EL Milch · 1–2 EL Mehl oder Kartoffelstärke
3 EL Semmelbrösel
1 ½ EL gehackte frische Rosmarinnadeln
abgeriebene Schale von 1 unbehandelten Zitrone
½ TL Paprikapulver · Pfeffer · evtl. etwas Salz
Semmelbrösel zum Wenden
Biskin zum Frittieren

1 Den Klippfisch mindestens 24 Stunden wässern, dabei häufig das Wasser wechseln. Falls Sie kein Filet bekommen und der Klippfisch noch Haut und Gräten hat, diese anschließend entfernen. Milch und Wasser mit dem Lorbeerblatt und Piment aufkochen, den Fisch einlegen und 4 bis 5 Minuten bei geringer Temperatur ziehen lassen. Mit der Schaumkelle aus dem Topf heben und in einer Schüssel mit einer Gabel fein zerpflücken.

2 Die Kartoffeln abbürsten, waschen und weich kochen. Inzwischen den Knoblauch abziehen und sehr fein hacken.

3 Die Kartoffeln pellen und noch heiß mit einer Gabel zerdrücken oder durch eine Kartoffelpresse drücken. Mit dem zerpflückten Fisch vermischen, die Milch unterarbeiten, Mehl und Semmelbrösel untermischen und mit Knoblauch, Rosmarin, Zitronenschale, Paprika, Pfeffer und eventuell sparsam mit Salz würzen. Der Teig sollte nicht zu weich sein, sonst zerfallen die Frikadellen leicht. Bei Bedarf etwas mehr Semmelbrösel untermischen.

4 Aus dem Fischteig Frikadellen formen, leicht flach drücken und in Semmelbröseln wenden. Die Brösel gut andrücken. Die Frikadellen im 165 bis 170 °C heißen Biskin portionsweise in etwa 3 Minuten goldgelb frittieren. Vor dem Servieren auf Küchenpapier abtropfen lassen.

Tipp

Klippfisch (Baccalà) ist luftgetrockneter Magerfisch (Kabeljau oder eine andere Dorschart), der mit Salz konserviert wurde. Er wird entweder als Filet oder im Ganzen, also mit Haut und Gräten angeboten. Sie bekommen ihn in gut sortierten Fischgeschäften – oft jedoch nur auf Vorbestellung – oder auch in spanischen Lebensmittelgeschäften.

Variante

Falls Sie keinen Klippfisch bekommen, verwenden Sie alternativ entweder frisches Kabeljaufilet oder abgetropften Thunfisch aus der Dose.

Beilage

Dazu schmeckt ein Tomatensalat mit Zwiebeln, Kapern und gehackter Petersilie sowie frisches Weißbrot.

Bratwurst-Mangold-Strudel

Mit scharfer Tomaten-Salsa serviert

Für 4 Portionen

5 grobe Schweinsbratwürste oder Salsicce (siehe Tipp)
1 Knoblauchzehe · 4 EL Olivenöl
½ TL getrockneter Oregano · 1 EL Tomatenmark
36 große schöne Mangoldblätter · Salz
3 Päckchen backfertiger Strudelteig, à 100 g (aus dem Kühlregal)
Biskin zum Frittieren

1 Die Bratwürste häuten. Die Knoblauchzehe abziehen und sehr fein hacken. In einer beschichteten Pfanne die Bratwurstfüllung mit dem Knoblauch in 1 EL Öl kurz anbraten, die Bratwurstmasse dabei mit einem Holzlöffel zerdrücken, mit Oregano und Tomatenmark würzen. Die Pfanne vom Herd nehmen und die Wurstmischung abkühlen lassen.

2 Die Mangoldblätter abspülen (Stiele nicht verwenden!) und in reichlich Salzwasser 2 Minuten blanchieren. Anschließend mit kaltem Wasser abschrecken und die Blätter nebeneinander auf Küchenpapier zum Abtropfen ausbreiten.

3 Den Teig aus einem der Strudelpäckchen auf einem sauberen, angefeuchteten Küchenhandtuch ausbreiten, rasch mit 1 EL Olivenöl bestreichen und in 4 gleich große Streifen schneiden. Jeden Teigstreifen mit 3 Mangoldblättern belegen, dabei die Ränder frei lassen. Jeweils etwas Bratwurstmischung auf dem Mangold verteilen und die Teigstreifen aufrollen, dabei die seitlichen Ränder einschlagen. Mit einem Zahnstocher vorsichtig fixieren. So fortfahren, bis alle Zutaten verbraucht sind. Achtung: Verarbeiten Sie zunächst nur den Teig aus einem Strudelteig-Päckchen und dann erst die weiteren. Da der Teig sehr spröde ist, könnte er zu brüchig werden und beim Aufrollen leicht einreißen, wenn Sie alle drei Teigplatten auf einmal ausbreiten.

4 Die Strudel im 160 °C heißen Biskin in 3 bis 4 Minuten goldgelb frittieren. Zum Abtropfen kurz auf Küchenpapier legen. Pro Person je 3 Strudel mit der Tomaten-Salsa servieren.

Tomaten-Salsa

1 kg vollreife Tomaten
3 Knoblauchzehen
2 Zwiebeln · 2 grüne Chilischoten
2 EL Olivenöl
Salz · Pfeffer · 1 Prise Zucker

Die Tomaten kurz überbrühen, häuten, vierteln, die Kerne entfernen. Das Fruchtfleisch fein würfeln. Knoblauch und Zwiebeln abziehen, beides fein hacken. Die Chilischoten längs aufschlitzen, die Kerne entfernen und die Schoten in feine Streifen schneiden. Olivenöl in einem Topf erhitzen, Knoblauch und Zwiebelwürfel darin andünsten. Tomatenwürfel und Chilistreifen untermischen und mit Salz, Pfeffer und Zucker würzen. Alles bei geringer Hitze etwa 20 Minuten köcheln lassen. Die Salsa kalt servieren.

Tipp

Salsicce sind frische italienische Schweinswürste, die Sie sowohl in italienischen Feinkostgeschäften als auch in gut sortierten Lebensmittelabteilungen der Kaufhäuser bekommen.

Süße Verführung ...

Leckere Desserts und knuspriges Gebäck

Lombardische Teigschleifen
Italienisches Faschingsgebäck

Für 4 Portionen

500 g Mehl · 100 g Zucker · 1 Prise Salz · 50 g Butter · 2 Eier, Größe M
abgeriebene Schale von ½ unbehandelten Orange
4 cl Weißwein · 4 cl Orangenlikör
Biskin Spezial Öl zum Frittieren · Puderzucker zum Bestäuben

Variante

Statt mit Orangenschale und Orangenlikör können Sie den Teig auch mit abgeriebener Zitronenschale und der doppelten Menge Weißwein oder Marsala zubereiten.

1 Mehl, Zucker und Salz auf eine Arbeitsfläche häufen und in die Mitte eine Mulde drücken. In die Vertiefung Butterflöckchen, Eier, abgeriebene Orangenschale, Weißwein und Likör geben und alles zu einem glatten, festen Teig verkneten. Den Teig 30 Minuten im Kühlschrank ruhen lassen.

2 Auf einer bemehlten Arbeitsfläche den Teig etwa 4 mm dünn ausrollen, mit einem Teigrädchen in 2 cm breite und etwa 15 cm lange Streifen schneiden und diese zu Schleifen formen.

3 Die Teigschleifen im 170 °C heißen Biskin in 2 bis 3 Minuten goldgelb ausbacken, auf Küchenpapier abtropfen lassen und mit Puderzucker bestäubt servieren.

Ausgebackene Holunderblüten
Die schmecken im Frühsommer!

Für 4 Portionen

12 Holunderblütendolden · 160 g Mehl · 150 ml Weißwein · 1 Prise Salz
4 Eier, Größe M · 2 EL Rum · Biskin Spezial Öl zum Frittieren
Puderzucker zum Bestäuben

1 Die Holunderblütendolden kurz in eine Schüssel mit Wasser legen, dabei vorsichtig hin- und herschwenken und anschließend auf einem sauberen Küchentuch zum Trocknen auslegen.

2 Mehl, Weißwein und Salz zu einem glatten Teig verrühren und etwa 30 Minuten ausquellen lassen. Anschließend die Eier und den Rum unterrühren.

3 Die gut abgetropften Holunderblütendolden einzeln durch den Teig ziehen und portionsweise im 175 °C heißen Biskin 2 bis 3 Minuten ausbacken. Auf Küchenpapier abtropfen lassen und mit Puderzucker bestäubt servieren.

Gebackene Quitten mit Vanille-Sahne

Herb-säuerlicher Fruchtgenuss

Für 4 Portionen
3 Quitten · ½ l Weißwein
1 EL Zucker · Schale von ¼ unbehandelten Zitrone

Für den Teig:
2 Eier, Größe L · 160 g Mehl
abgeriebene Schale von ½ unbehandelten Zitrone
2 EL Zucker · 1 Prise Salz · 1 Msp. gemahlener Zimt

Für die Vanille-Sahne:
1 Becher Sahne (200 g) · 1 Päckchen Vanillezucker

Außerdem:
Biskin Spezial Öl zum Frittieren · Zucker zum Wälzen

1 Die Quitten mit einem Tuch abreiben, schälen und in schmale Spalten schneiden, dabei jeweils das Kerngehäuse entfernen. Weißwein mit Zucker und Zitronenschale in einem Topf erhitzen und die Quittenspalten darin 15 Minuten kochen. Anschließend gut abtropfen lassen, die Flüssigkeit dabei auffangen, die Zitronenschale entfernen und den Sud zum Abkühlen beiseite stellen.

2 Die Eier trennen. Aus Mehl, Eigelb, abgeriebener Zitronenschale, Zucker, Salz und Zimt sowie ⅛ l der abgekühlten Quittenkochflüssigkeit einen glatten Teig rühren und diesen 30 Minuten ruhen lassen. Anschließend das Eiweiß steif schlagen und unter den Teig heben.

3 Inzwischen den Backofen auf 70 °C vorheizen. Die Sahne mit Vanillezucker halb steif schlagen und in den Kühlschrank stellen.

4 Die Quittenspalten einzeln durch den Teig ziehen und portionsweise im 170 °C heißen Biskin in 3 bis 4 Minuten goldgelb frittieren. Auf einem mit Küchenpapier ausgelegten Backblech im vorgeheizten Ofen warm halten und abtropfen lassen, bis alle Beignets ausgebacken sind. Noch warm in Zucker wälzen und mit der Vanille-Sahne servieren.

Variante

Statt der Quitten können Sie natürlich auch säuerliche feste Äpfel oder Birnen verwenden. Ebenfalls gut: Ananasringe aus der Dose. Das geht sogar noch schneller, denn diese Früchte müssen nicht vorgekocht werden. Statt der Quittenkochflüssigkeit verwenden Sie für den Teig dann einfach Apfel- oder Birnensaft oder den Ananassaft aus der Dose.

Quarkbällchen

Lecker zum Kaffee oder als feines Dessert

Aprikosenkompott

1 kg vollreife Aprikosen
1/8 l Wasser
180 g Zucker
1 Tropfen Bittermandelöl
unbehandelte Schale von 1/4 Zitrone · Saft von 1/2 Zitrone
evtl. 1 EL Aprikosenlikör

Die Aprikosen kurz mit kochendem Wasser überbrühen, anschließend die Haut abziehen. Die Früchte halbieren und die Steine entfernen. Wasser mit Zucker, Bittermandelöl und Zitronenschale aufkochen, die Aprikosenhälften hineingeben und bei schwacher Hitze zugedeckt so lange köcheln, bis sie zerfallen. Den Topf vom Herd nehmen und das Kompott mit Zitronensaft und nach Belieben mit Aprikosenlikör abschmecken. Vor dem Verzehr mindestens 2 Stunden kühl stellen.

Wenn Kompott übrig bleibt, hält es sich abgedeckt im Kühlschrank 3 bis 4 Tage.

Für etwa 30 Bällchen

50 g weiche Butter
100 g Zucker · 4 Eier, Größe M
ausgekratztes Mark einer Vanilleschote
1 EL Rosenwasser nach Belieben
abgeriebene Schale von 1 unbehandelten Zitrone
250 g Magerquark · 3 EL Milch
1 Päckchen Backpulver · 350 g Mehl
Biskin Spezial Öl zum Frittieren
Zucker und Zimt zum Wälzen

1 Die Butter mit dem Zucker und den Eiern schaumig rühren. Vanillemark, Rosenwasser und Zitronenschale untermischen. Nach und nach den Quark unterrühren. Die Milch zufügen und das mit Backpulver vermischte Mehl unterheben. Alles rasch zu einem geschmeidigen Teig verrühren.

2 Jeweils mit zwei angefeuchteten Teelöffeln etwas Teig abstechen, formen und die Quarkbällchen im 160 °C heißen Biskin portionsweise in 3 bis 4 Minuten goldbraun frittieren. Zum Abtropfen auf Küchenpapier legen und noch warm in Zimtzucker wälzen.

Tipp Die Quarkbällchen gehen beim Frittieren noch auf – passen Sie auf, dass sie nicht zu groß werden, sonst sind sie innen noch nicht gar, wenn sie außen schon gebräunt sind!
Quarkbällchen schmecken frisch, also am Tag der Zubereitung, am besten.

Variante Ein leckeres Dessert wird daraus, wenn Sie Aprikosenkompott dazu reichen. Dazu Dessertteller mit Puderzucker bestäuben und jeweils 2 halbierte Quarkbällchen auf dem Kompott anrichten. Wer mag, kann die Teller noch mit Minzeblättchen garnieren.

Honigbällchen
Griechische Leckerei

Tipp

Dieses Gebäck, das in Griechenland unter dem Namen Luokomades bekannt ist, wird dort vor allem im Sommer in vielen Cafés angeboten. Die Bezeichnung stammt von dem türkischen Wort „lukum“ ab, das soviel wie Süßigkeit bedeutet.

Für etwa 40 Stück

1/8 l lauwarme Milch · 1/8 l lauwarmes Wasser · 20 g frische Hefe
250 g Mehl · Salz · Biskin Spezial Öl zum Frittieren
Außerdem: 150–200 g flüssiger Blütenhonig · gemahlener Zimt
100 g fein gehackte Walnusskerne

1 Milch und Wasser mischen. Die Hefe in der Hälfte der lauwarmen Flüssigkeit auflösen. Etwa ein Drittel des Mehls in eine Schüssel sieben und die Hefelösung untermischen. Die Schüssel abdecken und den Vorteig an einem warmen Ort gehen lassen, bis sich sein Volumen verdoppelt hat.
2 Das restliche Mehl mit 1 Prise Salz unter den Vorteig mischen und nach und nach die restliche Flüssigkeit einrühren. Den Teig mit einem Holzlöffel kräftig schlagen, bis ein dickflüssiger Teig entsteht. Erneut abdecken und an einem warmen Ort mindestens 2 Stunden gehen lassen, bis der Teig das Doppelte seines Volumens erreicht hat und an der Oberfläche Bläschen wirft.
3 Zum Ausbacken mit einem kalt abgespülten Esslöffel jeweils etwas Teig abnehmen und portionsweise im 170 °C heißen Biskin goldgelb frittieren. Dabei die Teigbällchen ständig bewegen, damit sie nicht aneinander kleben.
4 Die fertigen Bällchen auf Küchenpapier etwas abtropfen lassen, noch warm auf einer Platte anrichten und mit dem flüssigen Honig übergießen. Mit Zimt bestäuben und mit den gehackten Walnüssen bestreuen.

Weinschnitten
Einfach & gut

Für 4 Portionen

4 längliche Brötchen · 6 EL Mehl · 4 Eier, Größe S · 3 EL Zucker
1/8 l Milch · Biskin Spezial Fett zum Frittieren · 1/2 l fruchtiger Weißwein

1 Die Brötchen quer in jeweils 4 Scheiben schneiden. Aus Mehl, Eiern, Zucker und Milch einen glatten Teig rühren. Die Brötchenscheiben einzeln in den Teig tauchen und im 170 °C heißen Biskin in wenigen Minuten goldgelb ausbacken. Auf Küchenpapier kurz abtropfen lassen.

2 Die frittierten Schnitten in vier tiefe Teller verteilen, dabei jeweils 2 Schnitten übereinander legen. Mit dem Wein übergießen und erst dann servieren, wenn sie sich gut vollgesogen haben.

Variante

Wenn Kinder mitessen, können Sie die Kinderportionen mit Apfel- oder Traubensaft statt mit Wein tränken.

Mini Aprikosen-Strudel

Gefüllt mit Rum-Marzipan

Für 4–5 Portionen

2 Eier, Größe L · 1/8 l Milch oder Buttermilch · 1 Prise Zimt
200 g Marzipanrohmasse · 1 EL Rum · 20 schöne reife Aprikosen
1 Packung Yufka-Teig (400 g), siehe Tipp Seite 16
Biskin Spezial Öl zum Frittieren · Puderzucker zum Bestäuben

1 Die Eier mit Milch verquirlen und mit Zimt würzen. Die Marzipanrohmasse mit Rum verkneten. Die Aprikosen waschen, abtrocknen und halbieren, die Steine entfernen. In den entstandenen Hohlraum jeweils etwas Rum-Marzipan drücken und die Aprikosen wieder zusammensetzen.

2 Die Teigblätter in 4 gleich breite Streifen schneiden. Jeweils einen Teigstreifen mit Eiermilch bestreichen, einen zweiten Teigstreifen darauf legen und ebenfalls mit Eiermilch bestreichen. Auf das untere Drittel eines jeden Teigstreifens eine Aprikose legen. Die seitlichen Teigränder nach innen einschlagen und mit Eiermilch bestreichen. Die Teigstreifen bis zum Ende aufrollen und mit einem Zahnstocher fixieren.

3 Die Aprikosenstrudel im 165 bis 170 °C heißen Biskin in etwa 5 Minuten goldgelb frittieren. Auf Küchenpapier abtropfen lassen. Vor dem Servieren die Zahnstocher entfernen und die Strudel mit Puderzucker bestäuben.

Wer möchte, serviert die Ministrudel mit einer

Muskat-Zabaione

4 frische Eigelbe, Größe L
4 EL Puderzucker
140 ml Weißwein
1–2 Msp. frisch gemahlene Muskatnuss

Eigelb mit Puderzucker in einer Edelstahlschüssel schaumig aufschlagen und mit Muskat würzen. Die Schüssel in einen größeren Topf mit heißem Wasser setzen, den Weißwein nach und nach mit einem Schneebesen unterrühren. So lange weiter rühren, bis eine dickflüssige Creme entstanden ist.

Nuss-Eis-Krapfen mit Pflaumensauce

Überraschung gelungen!

Pflaumensauce

6 EL Pflaumenmus
1 ½ EL Puderzucker
abgeriebene Schale von
½ unbehandelten Zitrone
1 Msp. Zimt · 4 EL Wasser
2 cl Pflaumengeist

Das Pflaumenmus mit Puderzucker, Zitronenschale, Zimt, Wasser und Pflaumengeist im Mixer pürieren und kühl stellen.

Tipp

Dieses köstliche Dessert lässt sich gut vorbereiten: Die Eiskrapfen können vor dem Frittieren bis zu 4 Tage im Tiefkühlgerät aufbewahrt werden und auch die Sauce hält sich im Kühlschrank einige Tage. Wenn Kinder mitessen, können Sie den Pflaumengeist auch weglassen.

Variation

Wer kein Nusseis mag, kann Vanilleeis oder eine andere Eissorte verwenden.

Für 4 Portionen

1 Packung Walnuss-Eis

Für den Teig:

40 g weiche Butter · 30 g Zucker · 1 Päckchen Vanillezucker
1 Ei, Größe L · 100 g saure Sahne · 225 g Mehl · 1 TL Backpulver

Außerdem:

1 Ei, Größe L · 1 EL Wasser
Biskin Spezial Öl zum Frittieren · Puderzucker zum Bestäuben
Nach Belieben frische Pflaumen oder entsteinte Pflaumen aus dem Glas

1 Mit einem Eisportionierer oder einem Esslöffel vier Kugeln Eis ausstechen, nebeneinander auf einen Teller legen und tiefkühlen, bis sie ganz hart sind.

2 Butter mit Zucker und Vanillezucker schaumig rühren. Ei, saure Sahne, Mehl und Backpulver zufügen und alles zu einem glatten Teig verarbeiten. Den Teig im Kühlschrank 30 Minuten ruhen lassen.

3 Das Ei mit dem Wasser verquirlen. Den Teig in vier gleich große Stücke teilen. Jeweils ein Teigstück auf einer bemehlten Arbeitsfläche zu einem Quadrat von 20 x 20 cm ausrollen und dünn mit dem verquirlten Ei bepinseln. Je eine tiefgekühlte Eiskugel auf die untere Hälfte einer Teigplatte setzen, die obere Teighälfte darüber klappen und rund um die Eiskugel fest andrücken. Die Teigränder mit einer Gabel fest zusammen drücken. Einen etwa 1 cm breiten Teigrand stehen lassen, den Rest abschneiden. Achten Sie darauf, dass der Teig nicht beschädigt wird, damit das Eis beim Frittieren nicht herauslaufen kann. Die vorbereiteten Eis-Krapfen sofort für mindestens 1 Stunde einfrieren.

4 Die Krapfen im 175 °C heißen Biskin in 3 bis 4 Minuten goldbraun ausbacken und kurz auf Küchenpapier abtropfen lassen. Die Pflaumensauce auf vier Teller verteilen und die Krapfen mit Puderzucker bestäubt darauf anrichten. Nach Belieben mit halbierten Pflaumen garnieren.

Erdbeer-Marzipan-Krapfen

Unwiderstehlich gut!

Tipp

Krapfen – im norddeutschen Sprachraum auch Berliner genannt – sind eigentlich ein typisches Faschingsgebäck und normalerweise mit Marmelade gefüllt.

Variante

Je nach Jahreszeit können statt der Erdbeeren auch entsteinte Mirabellen oder schöne große Kirschen, natürlich ebenfalls entsteint, in den Krapfen stecken. Wer auch im Winter Lust auf eine fruchtige Füllung hat, greift zu Dosenfrüchten.

Statt reiner Marzipanrohmasse können Sie auch 60 g Marzipan mit 40 g Mandelmus verkneten und ausrollen. Mandelmus gibt es im Reformhaus in 20-g-Portionen abgepackt.

Für 12–14 Stück

Für den Teig:
20 g frische Hefe · 50 ml lauwarme Buttermilch
220 g Mehl · 1 Ei, Größe S
50 g Zucker · 1 Prise Salz
50 g weiche Butter

Für die Füllung:
12–14 kleine reife Erdbeeren · 100 g Marzipanrohmasse
2 EL Puderzucker

Außerdem:
Biskin Spezial Öl zum Frittieren
1 TL Kakao und 2 EL Puderzucker zum Bestäuben

1 Die Hefe in der lauwarmen Buttermilch auflösen. Mehl, Ei, Zucker, Salz und die weiche Butter in eine Schüssel geben, die Hefemilch zugießen und alles zu einem glatten Teig verkneten. Den Teig abgedeckt etwa 1 Stunde an einem warmen Ort gehen lassen, bis sich sein Volumen verdoppelt hat.

2 Inzwischen die Erdbeeren waschen, trockentupfen und die Stielansätze entfernen. Die Marzipanrohmasse auf Puderzucker dünn ausrollen, in 12 bis 14 gleich große Stücke schneiden und jeweils 1 Erdbeere darin einwickeln.

3 Den Teig noch einmal kräftig durchkneten, zu einer Rolle formen und quer in 12 bis 14 Scheiben schneiden. Die Marzipan-Früchte jeweils in ein Teigstück einschlagen und dieses zu einem Bällchen formen. Vor dem Ausbacken abgedeckt erneut 20 Minuten an einem warmen Ort gehen lassen.

4 Die Krapfen portionsweise im 170 °C heißen Biskin in 2 bis 3 Minuten goldgelb ausbacken, auf Küchenpapier abtropfen lassen. Den Kakao mit Puderzucker mischen und mit einem Sieb über die Krapfen stäuben.

Frittierte Milchreis-Kugeln
Mit Orangen-Pistazien-Sauce

Für 6–8 Portionen

175 g Milchreis · ½ l Milch
2 Eier, Größe M · 50 g Zucker
abgeriebene Schale von ½ unbehandelten Orange
30 g gemahlene Mandeln · 1 Prise Salz

Für die Sauce:
4 saftige unbehandelte Orangen · 2 EL Bitterorangen-Marmelade
100 g Zucker · 1 Msp. gemahlene Nelken · 1 Msp. gemahlener Zimt
4 cl Orangenlikör
1 EL fein gehackte Pistazienkerne

Außerdem:
Semmelbrösel · Biskin Spezial Öl zum Frittieren
Puderzucker zum Bestäuben

1 Den Reis in der Milch sehr weich kochen und auskühlen lassen. Anschließend die übrigen Zutaten unter den Reis mischen und alles mindestens 4 Stunden ruhen lassen, damit ein fester Teig entsteht.

2 Inzwischen die Sauce zubereiten: Die Orangen heiß abwaschen, die Schale mit einem Sparschäler dünn abziehen und die Früchte auspressen. Orangensaft mit Marmelade, Zucker und den Gewürzen sowie der Orangenschale aufkochen und etwa 5 Minuten offen köcheln lassen. Den Topf vom Herd nehmen, die Orangenschale herausfischen und die Sauce durch ein Sieb passieren. Orangenlikör und gehackte Pistazien unter die Sauce mischen.

3 Zum Ausbacken mit einem Teelöffel etwas Reisteig abstechen, mit angefeuchteten Händen kleine Bällchen daraus formen und diese in Semmelbröseln wälzen. Die Milchreis-Kugeln im 165 bis 170 °C heißen Biskin in 2 bis 3 Minuten goldgelb frittieren. Auf Küchenpapier etwas abtropfen lassen und mit Puderzucker bestäubt zu der Sauce servieren.

Variante

Wenn Kinder mitessen, ersetzen Sie bei der Sauce den Wein besser durch Orangensaft und verzichten auf den Orangenlikör.

Statt der Orangen-Pistazien-Sauce passt auch eine

Schoko-Sauce

100 g Bitterschokolade
1 Becher Sahne (200 g)
½ Päckchen Vanillezucker
oder 1 TL Instant-Kaffee

Die Schokolade hacken und in der Sahne in einem Topf langsam schmelzen lassen.
Mit Vanillezucker oder Instant-Kaffe abschmecken.

Die Sauce schmeckt sowohl warm als auch kalt.

Aus’zogene Küchlein

Bayerische Spezialität

Tipp

Je länger Sie den Teig gehen lassen, um so lockerer werden die Aus’zogenen! Dieses Gebäck schmeckt frisch am besten.

Variante

Aus dem gleichen Teig kann auch eine weitere Spezialität zubereitet werden: Striezel. Dafür unter den Teig in Rum eingeweichte Rosinen mischen und statt runder längliche Teigstücke formen, die nicht ausgezogen werden. Es wird daher auch keine Butter benötigt. Die Striezel nach dem Ausbacken und Abtropfen nach Belieben mit Puderzucker bestäuben.

Für 12 Stück

Knapp 1/4 l Milch · 20 g frische Hefe
500 g Mehl · 2 Eier, Größe M
1 Eiweiß, Größe M
30 g Zucker · 1 Prise Salz
3 EL zerlassene Butter
Biskin Spezial Öl zum Frittieren
Zucker zum Bestreuen

1 Die Milch leicht erwärmen, die Hefe hineinbröckeln und darin auflösen. Das Mehl auf eine Arbeitsfläche sieben, eine Mulde hineindrücken und die Hefemilch, die Eier, das Eiweiß sowie Zucker und Salz hingeben. Alle Zutaten zu einem elastischen, nicht zu festen Teig verkneten.

2 Den Teig zu einer Kugel formen und 3 bis 4 Stunde mit einem Küchentuch bedeckt an einem warmen Ort gehen lassen.

3 Nach dem Gehen vom Teig mit einem Esslöffel einzelne Portionen abstechen und zu Kugeln formen. Auf einem mit Mehl bestäubten Brett zugedeckt nochmals etwa 20 Minuten gehen lassen.

4 Vor dem Frittieren die Teigkugeln flach drücken und mit in zerlassene Butter getauchten Fingern von der Mitte her dünn ausziehen. Am Schluss muss der Teig in der Mitte hauchdünn, an den Rändern etwas dicker sein. Die Aus’zogenen Küchlein im 170 °C heißen Biskin portionsweise in 2 bis 3 Minuten goldgelb ausbacken, dabei den Frittierkorb hin und wieder vorsichtig schütteln. Die fertigen Küchlein auf Küchenpapier abtropfen lassen und mit Zucker bestreuen.

Mandel-Honig-Bananen

Die mögen nicht nur Kinder gern

Dazu passt diese erfrischende

Joghurt-Sauce

2 Becher Sahnejoghurt, à 150 g
50 ml Buttermilch oder Milch
1 EL flüssiger Blütenhonig
abgerieben Schale von
½ unbehandelten Zitrone
1 EL gehackte Zitronen-melisseblättchen

Den Joghurt mit Buttermilch oder Milch und Honig glattrühren, Zitronenschale und Zitronen-melisse untermischen. Vor dem Servieren die Sauce 15 Minuten durchziehen lassen.

Für 4 Portionen

4 nicht zu reife Bananen
1 ½ EL flüssiger Blütenhonig · Saft von ½ Zitrone
2 EL gemahlene Mandeln
Biskin Spezial Öl zum Frittieren
1 TL gemahlener Zimt · 1 ½ EL Mandelblättchen

1 Die Bananen schälen und jeweils in 6 dicke Scheiben schneiden. Den Honig mit Zitronensaft mischen und die Bananen darin wenden. Anschließend die Bananenstücke in den gemahlenen Mandeln wälzen und diese gut festdrücken.

2 Die panierten Bananenstücke im 160 °C heißen Biskin etwa 2 Minuten frittieren, auf Küchenpapier abtropfen lassen und auf einer Platte anrichten. Mit der restlichen Honig-Zitronensaft-Mischung übergießen, mit Zimtpulver und Mandelblättchen bestreuen.

Zwetschgen-Pofesen

Kulinarischer Gruß aus Österreich

Variante

Die Pofesen können auch in Backteig frittiert werden. Dazu aus 120 g Mehl, ⅛ l Milch, 1 EL Pflanzenöl, 1 EL Rum, einer Prise Salz und 2 Eigelben einen glatten Teig rühren. Den Teig kurz ruhen lassen und vor der Verwendung 2 Eiweiße mit 1 EL Zucker steif schlagen und den Eischnee unter den Backteig ziehen. Die eingeweichten Brotschnitten einzeln durch den Backteig ziehen und goldgelb frittieren.

Für 4 Portionen

8 dünne Scheiben entrindetes Weißbrot
2–3 EL Pflaumenmus · ⅛ l Milch · 1 Päckchen Vanillezucker
2 Eier, Größe M · Biskin Spezial Öl zum Frittieren
Puderzucker und gemahlener Zimt zum Bestäuben

1 Die Weißbrotscheiben diagonal halbieren, jeweils 8 Hälften mit Pflaumenmus bestreichen, eine zweite halbierte Brotscheibe darüber legen und diese etwas andrücken.

2 Die Milch mit Vanillezucker würzen, die gefüllten Brotscheiben darin kurz einweichen. Die Eier verquirlen und die eingeweichten Brotscheiben nacheinander durch die Eier ziehen.

3 Portionsweise im 170 °C heißen Biskin goldgelb frittieren, anschließend auf Küchenpapier abtropfen lassen. Mit Puderzucker und Zimt bestreut servieren.

Schokotaschen

Da kommen Süßschnäbel voll auf ihre Kosten

Für 4 Portionen

100 g Mehl · 1/8 l Milch oder Buttermilch
2 Eier, Größe M
2 EL zerlassene Butter
1 Prise Salz · 1/2 Päckchen Vanillezucker

Für die Füllung:
100 g geriebene Schokolade (Vollmilch oder Zartbitter)
3 EL gemahlene Haselnusskerne
2 EL Orangen- oder Aprikosenmarmelade

Außerdem:
Biskin Spezial Öl zum Frittieren
Puderzucker zum Bestäuben

1 Aus Mehl, Milch, Eiern, der zerlassenen Butter, Salz und Vanillezucker einen geschmeidigen Pfannkuchenteig rühren, 15 Minuten ruhen lassen.

2 Inzwischen für die Füllung die geriebene Schokolade mit den Haselnüssen und der Marmelade zu einem festen Brei vermischen.

3 In einer kleinen Pfanne aus dem Teig mit Biskin Spezial acht dünne Pfannkuchen ausbacken und abkühlen lassen.

4 Auf jeden Pfannkuchen in die Mitte etwas von der Füllung geben, die Ränder hochschlagen und kleine Beutelchen daraus formen. Mit Zahnstochern fixieren und im Tiefkühlgerät etwa 2 Stunden einfrieren.

5 Die Schokotaschen im 170 °C heißen Biskin portionsweise in etwa 3 Minuten goldgelb ausbacken. Zum Abtropfen auf Küchenpapier legen und die Zahnstocher entfernen. Vor dem Servieren mit Puderzucker bestäuben.

Wenn Sie mögen, servieren Sie zu den Schokoladetaschen eine

Minzsauce

5 Eigelbe, Größe M · 90 g Zucker
knapp 1/2 l Milch
3 EL fein gehackte frische Minzeblättchen
50 g gemahlene Pistazienkerne
evtl. 2 cl Minzlikör

Die Eigelbe mit Zucker schaumig rühren. Die Milch mit den Minzeblättchen aufkochen, den Topf vom Herd nehmen und die Eigelbmasse langsam unterrühren. Die gemahlenen Pistazienkerne untermischen. Die Sauce auf einem Wasserbad unter ständigem Rühren erwärmen, bis sie eine cremige Konsistenz hat. Nach Belieben mit Minzlikör abschmecken.

Variante

Statt gemahlener Pistazienkerne können Sie auch 50 g Nuss-Nougat-Creme unter die Sauce mischen. Dann die Zuckermenge auf 80 g reduzieren, damit die Sauce nicht zu süß wird.

Rezept-Verzeichnis

Apfel-Senf-Dip 30
Aprikosenkompott 60
Aprikosen-Strudel, Mini 63
Arancini 27
Auberginen-Mozzarella-Fagottini 40
Aus'zogene Küchlein 68
Ausgebackene Holunderblüten 58
Avocado-Dip 24

Backhendl 47
Bällchen, Hackfleisch- am Spieß 18
Bananen, Mandel-Honig- 70
Basilikum- und Salbei-Häppchen 25
Basilikum-Schaum 40
Bierteig, Champignons in (Variante) 38
Bierteig, Gemüse in (Variante) 38
Bierteig, Steinpilze in 38
Blätterteighülle, grüner Spargel in 43
Bohnen-Tomaten-Salat (Beilage) 42
Bratwurst-Mangold-Strudel 55

Cashew-Sauce, pikante 42
Champignons in Bierteig (Variante) 38
Chili-Joghurt-Sauce 44
Chutney, scharfes Tomaten- 18

Dip, Apfel-Senf- 30
Dip, Avocado- 24
Dip, Feigen-Senf- 17
Dip, Kapern-Gurken- 50
Dip, Knoblauch-Joghurt- 34
Dip, Rote-Bete- 22
Dip, scharfer Sesam- 52
Dip, Walnuss- 13

Eier, Sesam-, mit fruchtiger Sauce 39
Eis-Krapfen, Nuss-, mit Pflaumensauce 64
Endivien-Paprika-Tempura 31
Entenbrust-Salat 48
Erdbeer-Marzipan-Krapfen 66

Fagottini, Auberginen-Mozzarella- 40
Feigen-Senf-Dip 17
Feta-Pesto-Häppchen 16
Filet-Spießchen, marinierte 35
Fisch-Frittura 30
Frikadellen aus Hülsenfrüchten 13
Frikadellen, Klippfisch- 54
Frittierte Kürbis-Bissen 13
Frittierte Milchreis-Kugeln 67
Frittierte Sardinen in Tomatensauce 36
Frittierter Hefeteig 24
Frittierter Tofu 35
Frittura, Fisch- 30
Fruchtige Putenbällchen 32
Frühlingskräuter, Salat mit (Beilage) 43

Garnelen, Kokos- auf Gurken-Carpaccio 36
Gebackene Quitten mit Vanille-Sahne 59
Gebackene Sellerieschnitzel 30
Gefüllte Kalbsröllchen 42
Gefüllte Pizzateig-Röllchen 20
Gefüllte Salatröllchen 52
Gefüllte Speckfrüchte 17
Gefüllte Zucchiniblüten 25
Gemüse in Bierteig (Variante) 38
Grüner Spargel in Blätterteighülle 43
Gurken-Carpaccio, Kokos-Garnelen auf 36
Gurken-Kapern-Dip 50

Hackfleisch-Bällchen am Spieß 18
Hähnchen-Kräuter-Nuggets 32
Häppchen, Salbei- und Basilikum- 25
Hefeteig, frittierter 24
Holunderblüten, ausgebackene 58
Honigbällchen 62
Honig-Mandel-Bananen 70
Hülsenfrüchte, Frikadellen aus 13

Jakobsmuscheln mit buntem Gemüse 51
Joghurt-Knoblauch-Dip 34
Joghurt-Saucen 44, 70

Kalbsröllchen, gefüllte 42
Kapern-Gurken-Dip 50
Kartoffelknödel, Rote-Bete- 20
Kartoffel-Paprika-Chips 24
Kartoffelteig, Mini-Pizzen aus 14
Käsefritter 17
Käsekruste, Schnitzel mit 50
Käsetaschen 12
Klippfisch-Frikadellen 54
Knoblauch-Joghurt-Dip 34
Kokos-Garnelen auf Gurken-Carpaccio 36
Kompott, Aprikosen- 60
Krapfen, Erdbeer-Marzipan- 66
Krapfen, Nuss-Eis-, mit Pflaumensauce 64
Kräuter-Hähnchen-Nuggets 32
Kräuter-Salat (Beilage) 35
Kräutertaschen 21
Küchlein, Aus'zogene 68
Kürbis-Bissen, frittierte 13

Lombardische Teigschleifen 58

Mandel-Honig-Bananen 70
Mandel-Reis (Beilage) 32
Mangold-Bratwurst-Strudel 55
Marinierte Filet-Spießchen 35
Marzipan-Erdbeer-Krapfen 66
Milchreis-Kugeln, frittierte 67
Mini Aprikosen-Strudel 63
Mini-Pizzen aus Kartoffelteig 14
Minzsauce 71
Mozzarella-Auberginen-Fagottini 40
Muscheln, Jakobs- mit buntem Gemüse 51
Muskat-Zabaione 63

Nuggets, Kräuter-Hähnchen- 32
Nuss-Eis-Krapfen mit Pflaumensauce 64

Orangen-Pistazien-Sauce 67

Paprika-Endivien-Tempura 31
Paprika-Kartoffel-Chips 24
Pesto-Feta-Häppchen 16
Pflaumensauce, Nuss-Eis-Krapfen mit 64
Pikante Cashew-Sauce 42
Pistazien-Orangen-Sauce 67
Pizzateig-Röllchen, gefüllte 20
Pizzen, Mini- aus Kartoffelteig 14
Pofesen, Zwetschgen- 70
Pommes frites, Würstchen-Spieße mit 46
Puffer, Zucchini- 34
Putenbällchen, fruchtige 32

Quarkbällchen 60
Quitten, gebackene, mit Vanille-Sahne 59

Reisblatt, Seelachs im 44
Rote-Bete-Dip 22
Rote-Bete-Kartoffelknödel 20

Salat mit Frühlingskräutern (Beilage) 43
Salat, Bohnen-Tomaten- (Beilage) 42
Salat, Entenbrust- 48
Salat, Kräuter- (Beilage) 35
Salatbett, warmer Ziegenkäse auf 38
Salatröllchen, gefüllte 52

Salbei- und Basilikum-Häppchen 25
Salsa, Tomaten- 55
Sardinen, frittierte, in Tomatensauce 36
Sauce, Chili-Joghurt- 44
Sauce, fruchtige 39
Sauce, Joghurt- 70
Sauce, Minz- 71
Sauce, Orangen-Pistazien- 67
Sauce, Pflaumen- mit Nuss-Eis-Krapfen 64
Sauce, pikante Cashew- 42
Sauce, Schoko- 67
Sauce, Tomaten- 36
Sauerkraut-Ecken 22
Scharfer Sesam-Dip 52
Scharfes Tomaten-Chutney 18
Schaum, Basilikum- 40
Schnitzel mit Käsekruste 50
Schoko-Sauce 67
Schokotaschen 71
Seelachs im Reisblatt 44
Sellerieschnitzel, gebackene 30
Senf-Dips 17, 30
Sesam-Dip, scharfer 52
Sesam-Eier mit fruchtiger Sauce 39
Spargel, grüner, in Blätterteighülle 43
Speckfrüchte, gefüllte 17
Spießchen, marinierte Filet- 35
Steinpilze in Bierteig 38
Striezel (Variante) 68
Strohkartoffeln 50
Strudel, Bratwurst-Mangold- 55
Strudel, Mini Aprikosen- 63

Teigschleifen, lombardische 58
Tempura, Endivien-Paprika- 31
Tofu, frittierter 35
Tomaten-Chutney, scharfes 18
Tomaten-Bohnen-Salat (Beilage) 42
Tomaten-Salsa 55
Tomatensauce, frittierte Sardinen in 36

Walnuss-Dip 13
Warmer Ziegenkäse auf Salatbett 38
Weinschnitten 62
Würstchenspieße mit Pommes frites 46

Zabaione, Muskat- 63
Ziegenkäse, warmer, auf Salatbett 38
Zucchiniblüten, gefüllte 25
Zucchinipuffer 34
Zwetschgen-Pofesen 70

Anregungen und Hinweise sind jederzeit willkommen:
info@seehamer.de oder Postfach 61, D-83629 Weyarn
Besuchen Sie uns auch im Internet: www.seehamer.de

Rezepte und Gestaltung: Bine Cordes, Weyarn
Fotos Seite 6/7: Biskin
Fotos Seite 8: Robert Bosch Hausgeräte GmbH
alle übrigen Fotos:
Eising FoodPhotography, München/Martina Görlach
Foodstyling: Eising FoodPhotography, München/
Michael Koch
Lektorat: Katrin Wittmann, w & w, Füssen
Lithographie: inteca Media Service, Rosenheim
Druck und Bindung: L.E.G.O., Vicenza
ISBN 3-934058-90-6